Martin Dreyer

JESUS ROCKT

Martin Dreyer

JESUS ROCKT

PATTLOCH
GERTH MEDIEN

Umschlaggestaltung: ZERO Werbeagentur, München
Umschlagabbildung: Finepic®, München
Satz: Adobe InDesign im Verlag
Druck und Bindung: CPI – Clausen & Bosse, Leck
Printed in Germany

ISBN 978-3-629-02285-1 (Pattloch Verlag)
ISBN 978-3-86591-621-1 (Gerth Medien)

Bitte besuchen Sie uns im Internet:
www.pattloch.de
www.gerth.de

2 4 5 3 1

INHALT

VORWORT

Herzlich willkommen im Buch »Jesus rockt«!
Ich wünsche dir viel Spaß beim Lesen dieser Seiten und hoffe, dass du einiges für dich dabei rausziehen kannst.

Dieses Buch ist folgenden Menschen gewidmet

Pastor Wolfram Kopfermann. Ich hab viel von dir gelernt, du hast meinen Glauben an Jesus geprägt.

David Pierce. Thanx for being so radical in your walk with Jesus. You will always be one of my heroes.

Rudi Pinke. Ohne deine Hilfe wäre ich heute noch in der Wüste. Danke, dass du an mich geglaubt hast.

Meinen Eltern. Es ist so genial, zu sehen, was ihr mit Jesus durchzieht, in jeder Beziehung.

Rahel Dreyer, meine supercoole Frau. Danke für deine Liebe. Du bist das Beste, gleich nach Jesus, was mir jemals passiert ist.

Mein Dank für die Korrekturen am Manuskript

Cornelia Krause, Gudrun Bohrmann.

Ganz besonders möchte ich mich bei meinem Freund Attila Albert für die kompetente Hilfe in der textlichen und inhaltlichen Bearbeitung bedanken.

Verzeichnis der Bibelquellen

Die Bibelzitate in diesem Buch sind den folgenden Bibelausgaben entnommen:

Lutherbibel, revidierter Text 1984, durchgesehene Ausgabe in neuer Rechtschreibung; © 1999 Deutsche Bibelgesellschaft, Stuttgart: 39, 46, 52, 56, 59, 60, 73, 76, 96, 97, 104, 109, 227

Die Heilige Schrift. Übersetzt von Hermann Menge: 40 f., 42, 66, 84, 103, 119

Martin Dreyer: Die Volxbibel 3.0; © 2010 Volxbibel-Verlag im SCM-Verlag GmbH & Co. KG, Witten: 32, 53, 97, 105, 109, 125 ff., 130, 136

EINSTIEG

Vor etwas mehr als 2000 Jahren wurde ein Mensch geboren, der die Welt so krass verändert hat wie niemand vor ihm und niemand nach ihm. Dieser Mensch war Jesus.

Jesus Christus, wie man ihn auch nennt, startete eine große Revolution der Liebe, und diese Revolution hält bis heute noch an und gewinnt weiter an Kraft.

In der Bibel wird erzählt, wie ein Engel zu der Mutter von Jesus kommt und ihr seine Geburt ankündigt. Dieser Engel sagt zu Maria: »Du wirst einen Sohn bekommen, und die Leute werden ihm den Namen Immanuel geben.« Und Immanuel bedeutet: »Gott ist bei uns!«

Was für eine Ansage! Eigentlich ist das kaum zu fassen: GOTT ist bei UNS. Gott kommt zu uns Menschen? Warum sollte er das tun? Warum sollte Gott in unsere Welt runterkommen, in unseren Dreck, wo er doch ganz entspannt im Himmel bleiben könnte? Warum sollte er sich den Stress machen, um uns zu retten?

Die Antwort ist sehr simpel: Gott hat sich in die Menschen verliebt. Gott liebt uns, und wenn man verliebt ist, dann will man dem Objekt seiner Liebe so nahe wie nur möglich sein. Dass Jesus auf der Welt war, ist eine Liebeserklärung Gottes an uns. Und was Jesus gesagt hat, was er getan hat, war wie ein Liebesbrief Gottes an alle Menschen.

Warum es dieses Buch jetzt gibt

Das Problem ist: Die meisten Leute haben diesen Liebesbrief noch nie gelesen. Oder sie haben ihn gelesen, aber nie wirklich kapiert. Erschwert wird das Ganze auch noch dadurch, dass unheimlich viele Lügen und Gerüchte über Gott und über das Leben mit ihm im Umlauf sind.

Darum gibt es jetzt dieses Buch. Es will einige dieser Lügen ausräumen und erzählen, wie Gott ist. Es geht mir dabei um den Gott, von dem Jesus erzählt hat, den er selbst verkörpert. Ich möchte versuchen, diesen Liebesbrief, den Gott durch Jesus an uns geschrieben hat, noch einmal in unsere heutige Situation zu übersetzen.

Menschen, die an Jesus glauben, nennen sich Christen. Leider ist diese Bezeichnung mittlerweile ziemlich oft missbraucht worden. Ein Christ zu sein bedeutet heute nicht überall etwas Gutes. Das liegt vor allem daran, dass sich die Christen in der Geschichte der Menschheit nicht immer sehr christlich verhalten haben. Auch unter Christen gibt es seltsame Gerüchte über Gott und über das Leben mit Gott. Dabei ist die Wahrheit eigentlich sehr leicht zu finden. Man muss nur einmal die Jesusgeschichten in der Bibel lesen und sich mit dem auseinandersetzen, was Jesus gesagt hat.

Ich werde dabei folgendermaßen vorgehen: Als Erstes will ich kurz schildern, was die Geschichtsbücher und was die Bücher des Neuen Testaments über Jesus erzählen. Es geht mir um eine kurze Zusammenfassung seines Lebens auf der Erde von Anfang bis Ende. Ab und zu höre ich bei Diskussionen, dass irgendwelche Leute behaupten, Jesus hätte nie gelebt und das ganze Christentum wäre frei erfunden. Andere wiederum sagen, er hätte zwar gelebt, aber er wäre nie hingerichtet worden. Stattdessen soll er nach Indien ausgewandert sein. Das ist aber auch von wissenschaftlicher Seite her ziemlicher Schwachsinn. Die große Mehrzahl aller ernstzunehmenden Theologen und Historiker sind sich einig, dass Jesus vor ca. 2000 Jahren als Mensch hier auf dieser Erde gelebt hat, auch wenn sie sich selbst nicht unbedingt als Christen bezeichnen würden.

Im zweiten Abschnitt möchte ich versuchen, anhand von nur einer Bibelstelle die wichtigsten Eigenschaften zu benennen, die es über Jesus zu sagen gibt. Dazu habe ich mir einen Text von dem ersten christlichen Theologen, den es jemals gegeben hat, als Grundlage ausgesucht. Dieser Theologe war Paulus, und der Text steht im Neuen Testament im Kolosserbrief. Ich finde es faszinierend, dass Paulus es hier in nur wenigen Sätzen geschafft hat, alles über Jesus zu sagen, was man über ihn wissen muss. Und das, was er dort schreibt, bläst mir jedes Mal wieder, wenn ich es lese, das Hirn weg.

Als Nächstes kommen ein paar heftige Berichte von Wundern, die Jesus alle getan hat. Mir ist klar, dass viele dieser Berichte so krass für uns klingen, dass es einigen schwerfallen wird, sie auch zu glauben. Trotzdem werden sie uns genau so in der Bibel berichtet.

Anschließend kommen einige Leute aus der heutigen Zeit zu Wort. Sie erzählen, wie sie Jesus kennengelernt haben und was das in ihrem Leben verändert hat. Es geht hier um wirklich interessante Jesusgeschichten von ganz unterschiedlichen Menschen. Von einem Straßenpunk bis hin zu einem Juristen ist alles dabei.

Im letzten Teil will ich versuchen, die Frage zu beantworten, was für Konsequenzen jeder aus dem Gelesenen ziehen oder nicht ziehen kann. Ich will eine Einladung aussprechen, die eigene Art zu leben und auch »Christ« zu sein zu überdenken. Wenn sich hier einige Leute provoziert fühlen, ist das glatte Absicht. Es ist mir wichtig zu erklären, wie man selbst ein Christ werden und zur Gemeinschaft der Christen dazugehören kann. Eigentlich ist es relativ leicht, einen Neustart mit Gott hinzulegen, trotzdem wissen das viele Leute noch nicht. Zum Schluss gibt es ein paar Tipps, wie man seinen Glauben gesund am Leben erhalten und weiterentwickeln kann. Im Anhang findet man als Bonusmaterial noch einige Hinweise auf wichtige Sachen, die Jesus selbst gesagt hat.

Wie du dieses Buch lesen solltest

Jesus rockt besteht aus sechs unterschiedlichen Abschnitten, die teilweise noch mal untergliedert sind. Mir ist wichtig, dass man dieses Buch nicht – wie die meisten anderen – von vorne nach hinten lesen muss. Man kann sich auch am Inhaltsverzeichnis orientieren und mal das sechste Kapitel vor dem zweiten oder das fünfte vor dem dritten Kapitel lesen, wenn einem danach ist.

Ich habe absichtlich über viele Abschnitte eine Überschrift eingefügt. So kann man sich auch am Inhaltsverzeichnis orientieren oder einfach von Überschrift zu Überschrift »zappen« oder springen, so wie es gerade passt. Jeder hat andere Fragen und auch andere Themen, die ihn gerade beschäftigen.

Das Kapitel »Was sagst du über Jesus« ganz hinten ist für mich eindeutig das wichtigste, das würde ich jedem, der sich für Jesus interessiert, sehr ans Herz legen.

Übrigens: Die Worte in diesem Buch können dich ermutigen und aufbauen, aber auch ärgern und herausfordern, das ist okay. Nur wenn sie komplett an dir vorbeirauschen, ohne etwas zu bewirken, haben sie ihr Ziel verfehlt.

Ich habe mich erst mit 17 Jahren entschieden, an Jesus zu glauben. Seitdem ist viel passiert. Es gab geniale Erlebnisse, aber auch einige Katastrophen. Viele Siege wurden gefeiert und auch Niederlagen beweint. Es gab Momente des totalen Glücks und der tiefsten Depression. Aber Jesus war immer da, er hat mich gehalten, auf mich aufgepasst und mich nie wieder losgelassen. Jesus hat meinem Leben im Laufe der Jahre eine solche Qualität gegeben, wie ich sie mir früher nicht zu träumen gewagt hätte. Es ist fast so, als wäre ich schon immer blind gewesen, ohne es wirklich zu merken, weil alle Leute, die ich kannte, auch blind waren. Aber dann konnte ich plötzlich sehen und nahm die Welt in einer komplett anderen Dimension wahr, 3-D und in Farbe!

Darum kann ich jedem nur empfehlen, beim Lesen nicht zu viel über das Hirn, sondern vor allem auch über das Herz laufen zu lassen. Lass dich von Gott ansprechen, denn eins ist ganz sicher: Jesus rockt. Und wie.

WIE WAR DAS NOCH MAL MIT JESUS?

Die wichtigsten Informationen über sein Leben

In den Jahren, als Jesus auf unserem Planeten war, hat er die ganze Zeit im heutigen Israel gelebt. Die Israeliten hatten kurz vor seiner Geburt einen Krieg gegen die Römer verloren. Das hatte zur Folge, dass überall im Land Soldaten von der römischen Armee stationiert waren. Diese Besatzungsmacht erlaubte den Israeliten zwar, ihre Religion weiter auszuüben, aber ansonsten wurden sie als Verlierer des Krieges zu vielen Dingen gezwungen. Zum Beispiel mussten sie hohe Steuern an die römische Regierung bezahlen und durften über politische Dinge, die ihr eigenes Land betrafen, nicht allein entscheiden.

Obwohl die Geburt von Jesus schon vor langer Zeit von irgendwelchen Propheten vorhergesagt wurde, hat das damals eigentlich kaum jemand mitbekommen. Und zwar war es so, dass die Mutter von Jesus ganz plötzlich schwanger war. Maria, so hieß sie, war eigentlich noch Jungfrau und hatte sich gerade erst mit einem Typen verlobt, der Josef hieß. In der Szene von Maria und Josef war es ein absolutes »No go«, miteinander zu schlafen, bevor man nicht verheiratet ist. Darum wäre das Ganze eigentlich extrem peinlich für sie geworden, denn alle Leute, die Maria mit einem dicken Bauch rumlaufen sahen, hätten sich natürlich gefragt, woher das Baby kam und wer der Vater war.

Die Mutter von Jesus hat ein Treffen mit einem Engel

Maria überlegte sich gerade, wie sie aus der Sache wieder heil rauskommen könnte, als etwas sehr Heftiges passierte: In der Nacht stand auf einmal ein Engel mitten in ihrem Schlafzimmer. Engel sind übernatürliche Wesen, die man normalerweise als Mensch nicht sehen kann. Dieser Engel sagte zu Maria, dass sie sich keine Gedanken machen solle. Das Baby, das sie im Bauch hatte, wäre ihr von Gott dort reingelegt worden. Er erzählte ihr auch, dass es ein Junge werden würde und dass dieser Junge einen ganz besonderen Auftrag von Gott hätte. Denn er würde dafür sorgen, dass alle Menschen aus ihrem Dreck raus und mit Gott wieder klarkommen können, sofern sie das wirklich wollten. Das beruhigte sie natürlich sehr.

Einige Monate später, Maria hatte da schon einen ziemlich dicken Bauch, gab es plötzlich einen Befehl von der römischen Besatzungsmacht. Und zwar war die Ansage, dass jeder Mensch, der in Israel lebte, sich in eine Liste eintragen sollte. Die Regierung der Römer wollte nämlich genau wissen, wie viele Menschen überhaupt in dem Land lebten. In dem schriftlichen Befehl, der überall ausgehängt wurde, stand auch drin, dass man zu dieser Volkszählung in den Ort gehen sollte, in dem man geboren worden war. Da Josef aus der Stadt Betlehem kam, packten die beiden ihre Sachen und gingen dorthin.

Die Geburt findet an einem seltsamen Ort statt

Mitten in der Nacht, als sie gerade in der Stadt ankamen, bekam Maria heftige Wehen und kriegte ihr Baby. Weil die Hotels alle voll waren, mussten die beiden sich eine Notunterkunft suchen. So fand die Geburt von Jesus in einem Stall statt. Dieser Ort ist mit einer Garage vergleichbar. Heute feiern Millionen Menschen auf der ganzen Welt diesen Tag jedes Jahr als »Weihnachten«.

Jesus als Jugendlicher

Jesus wuchs als Jugendlicher in der Stadt Nazaret auf. Vermutlich hatte er eine ganz normale Kindheit, aber davon wissen wir heute nicht so viel. Er machte eine Lehre als Zimmermann und arbeitete im Betrieb von seinem Vater. Trotzdem war den Eltern relativ schnell klar, dass Jesus kein ganz gewöhnlicher Junge war.
Eine Wende in seinem Leben war dann ein seltsames Treffen mit einem Mann, der Johannes hieß. Dieses Treffen fand statt, als Jesus Ende zwanzig war.

Johannes und das Ding mit der Taufe

Johannes lebte damals in einem Gebiet in Israel, wo es kaum regnete. Es wird erzählt, dass er irgendwann am Jordan-Fluss damit anfing, ganz besondere Veranstaltungen durchzuziehen. Und zwar hielt er immer eine Predigt, und anschließend konnten die Leute, die ihr Leben ändern wollten, zu ihm in den Fluss steigen, um sich dort untertauchen zu lassen. Man nannte das Taufe. Diese Taufe war dabei nicht nur irgendein belangloses Ritual. Wer sich taufen ließ, wollte wirklich ab dem Zeitpunkt sein Leben radikal ändern und nur noch das tun, was Gott will. Diese Veranstaltung sprach sich sehr schnell rum, und immer mehr Leute kamen zu Johannes, um sich taufen zu lassen.

Jesus legt los

Und dann stand plötzlich auch Jesus bei Johannes am Fluss. Als der ihn ankommen sah, wusste er sofort, dass dieser Mann nicht nur irgendein ganz normaler Typ war.

Johannes sagte zu ihm: »Hey, Jesus, es müsste eigentlich umgekehrt laufen! Ich habe es eigentlich nötig, von dir getauft zu werden!« Aber Jesus erwiderte: »Es ist okay so, wie es ist. Das muss so sein, damit alles so läuft, wie Gott es haben will.« Also wurde Jesus von Johannes getauft. Nachdem er ihn einmal unter Wasser getaucht hatte, kam plötzlich eine Taube angeflogen, und alle Zuschauer hörten deutlich eine Stimme, die sagte: »Das ist mein Sohn, den ich sehr liebe! Ich freue mich total über ihn!«
Dieses Ereignis war dann der Startpunkt der Karriere von Jesus. Kurze Zeit später suchte er sich einen Trupp von zwölf Schülern und zog mit denen durch ganz Israel. Obwohl Jesus ihr Lehrer war, entstand schnell eine tiefe Freundschaft zwischen ihnen. Er brachte ihnen in den folgenden Jahren alles bei, was man wissen muss, wenn man wirklich radikal mit Gott leben will. Überall, wo Jesus war, gab es schnell einen großen Menschenauflauf. Jesus wurde nach kurzer Zeit sehr berühmt. Das lag zum einen an seinen sehr gehaltvollen und auch provozierenden Predigten. Teilweise kamen über 10 000 Menschen zusammen, nur um ihn reden zu hören! Zum anderen lag es aber auch daran, dass Jesus Dinge tun konnte, die eigentlich unmöglich waren.

Krankenheilung und andere Wunder

Zum Beispiel konnte er Leute gesund machen, die unheilbare Krankheiten hatten. Egal was, ob jemand auf Krücken ankam, verkrüppelt war oder eine todbringende Krankheit so ähnlich wie Aids hatte, Jesus heilte einfach jeden. Teilweise brauchten ihn die Leute nur anzufassen und wurden sofort gesund! Ja mehr noch, es gibt sogar Berichte, dass Jesus Menschen, die eigentlich tot waren, wieder lebendig gemacht hat. Einer davon lag schon drei

Tage im Grab und hätte eigentlich übel stinken müssen! Jesus hatte dabei nicht nur die Macht über Krankheiten und Tod, er war sogar in der Lage, die Natur zu verändern, wenn er das wollte. Eine Jesusgeschichte erzählt, dass er auf einem großen See mit seinen Freunden in einem Boot saß. Plötzlich gab es einen Orkan, und die Wellen schlugen meterhoch, die Situation war lebensbedrohlich, das Schiff drohte zu kentern. Aber dann sagte Jesus nur ein Wort. Der Orkan hörte sofort auf, und das Wasser war plötzlich ganz ruhig.
Dazu konnte er auch noch Essen vermehren, wenn er wollte. Er sorgte einmal dafür, dass über 5000 Männer plus Frauen und Kinder von nur fünf Broten und zwei Fischen (heute vielleicht Frikadellen) satt geworden sind. So was war natürlich eine Hammernachricht, und überall erzählte man sich davon. Vermutlich wanderte er zwei bis drei Jahre mit seinen Freunden in Israel rum und hat überall seine Veranstaltungen abgehalten.

Jesus wird ein Superstar

Die Fangemeinde wurde immer größer, mittlerweile kannte ihn fast jeder. Bevor er in eine Stadt kam, sprach es sich schon herum, dass der »Superstar Jesus«, der große »Wunderheiler«, kommt. Manchmal drängelten sich die Leute um ihn rum, so wie um einen Rockstar nach einem Konzert, nur weil sie ihn einmal kurz anfassen wollten. Jesus hatte dabei so eine Art Kraftquelle in sich, die dafür sorgte, dass man auch geheilt werden konnte, wenn man ihn nur einmal kurz berührt hatte.
Wenn er seine öffentlichen Reden hielt, kritisierte Jesus dabei eigentlich kaum die Besatzungsmacht der Römer. Stattdessen hatte er die religiöse Führung der Israeliten im Visier. Diese Leute hatten damals total viel Macht. Wenn

die etwas sagten, dann handelten die meisten Menschen auch danach. Sie hatten richtig großen Einfluss auf die ganze Gesellschaft. Nach der Meinung von Jesus lebten sie aber nicht so, wie Gott es eigentlich wollte. Sie sagten etwas auf der einen Seite, taten aber auf der anderen Seite genau das Gegenteil.

Langsam gibt es Ärger

Weil Jesus diese Führungsriege öffentlich ständig runtermachte, kriegte er auch immer mehr Ärger mit ihnen. Eine Zeitlang versuchten sie überall, wo er sprach, ihre Spezialisten auf Jesus zu hetzen, um ihn mit Fangfragen zu provozieren. Er blieb aber die ganze Zeit sehr locker und hatte immer die passende Antwort parat, egal, was diese Leute zu meckern hatten.
Schließlich war es ihnen aber doch zu viel. Sie erstatteten Anzeige gegen Jesus bei den römischen Besatzern und sorgten so dafür, dass er festgenommen wurde. In einem öffentlichen Prozess sollte Jesus dann verurteilt werden. Dieser Prozess verlief aber nicht so, wie sich das seine Kritiker vorgestellt hatten. Der Richter wollte Jesus eigentlich laufenlassen, denn er konnte nichts an ihm finden, was vom Gesetz her für eine Verurteilung gereicht hätte.

Das Urteil: Todesstrafe durch Kreuzigung

Die Führungsriege der religiösen Juden bestand aber auf ihrer Entscheidung, dass Jesus die Todesstrafe verdient hätte. Nach lautstarken Forderungen, auch von der angestachelten Menschenmasse vor dem Gerichtssaal, wurde Jesus schließlich doch verurteilt: Tod durch Kreuzigung.

Diese Art der Hinrichtung war damals nicht so weit verbreitet. Sie wurde in Kriegszeiten von den Römern eingesetzt und sollte besonders abschreckend auf die Menschen wirken, weil sie sehr brutal war. Eine Kreuzigung bestand aus vier Abschnitten. Zuerst wurde der Verurteilte vollständig ausgezogen und öffentlich mit Peitschen und anderen Werkzeugen gequält. Im nächsten Schritt musste er den Querbalken vom Holzkreuz selbst zu der Stelle tragen, wo die eigentliche Hinrichtung stattfinden sollte. Dann wurde mitten durch die Hände und die Füße je ein langer Stift aus Stahl genagelt, um ihn so an dem Balken zu fixieren. Im letzten Schritt richtete man das Kreuz auf. Der Tod trat dann aber nicht durch die Nägel und den damit verbundenen Blutverlust ein, sondern dadurch, dass man an diesem Kreuz unter höllischen Schmerzen langsam verdurstete. Tausend Schaulustige standen um das Kreuz und schauten Jesus zu, wie er dort unschuldig hing und langsam starb. Einige machten sich sogar noch über ihn lustig und rissen ein paar Witze. Kurz vor seinem Tod sagte Jesus noch einige sehr wichtige Sachen. Zum einen betete er für die Leute, die ihn dort hingerichtet hatten. Er sagte: »Papa, vergib das diesen Menschen, sie haben überhaupt keinen Plan, was sie da tun.« Und dann sagte er noch: »Papa, ich lege mein Leben in deine Hände.« (Lukas 23, Vers 34 und 46)

Jesus ist tot

Nachdem man den Tod von Jesus medizinisch festgestellt hatte, wurde die Leiche für die Beerdigung freigegeben. Ein befreundeter Geschäftsmann übernahm die Gebühren und zahlte die Kosten für eine Grabhöhle, was zu der Zeit eine teure Angelegenheit war.

... aber dann lebt er plötzlich wieder

Drei Tage später wollten ein paar Frauen, die Jesus zu Lebzeiten persönlich gekannt hatten, noch mal zu seinem Grab auf dem Friedhof gehen. Die Grabkammer lag etwas außerhalb von Jerusalem. Aber als sie die Kammer betreten wollten, war die Leiche verschwunden! Stattdessen trafen sie auf einen Engel, der den Frauen erzählte, dass Jesus nicht mehr da sei. Er hätte den Tod besiegt, wäre wieder lebendig und würde sich bald mit ihnen treffen. Kurze Zeit später zeigte sich Jesus dann tatsächlich allen seinen Freunden.
Wie das genau passiert ist, wissen wir bis heute nicht, aber Jesus war anscheinend wirklich stärker als der Tod. Es gibt unterschiedliche Darstellungen in der Bibel, dass ihn Menschen gesehen haben, nachdem er eigentlich schon lange gestorben war. Er hat sich mit seinen Freunden getroffen, sie haben zusammen gegessen und geredet. In dieser für seine Schüler ganz besonderen Zeit gab er ihnen auch noch klare Anweisungen, was ab jetzt ihre neue Aufgabe wäre. Sie sollten nämlich nichts weniger tun, als in der ganzen Welt die wichtigen Ansagen von Jesus verbreiten und die christliche Kirche gründen.

Ein Abschied mit Folgen

Nach einigen Tagen musste er sich bei seinen Freunden verabschieden. Bei ihrem letzten Treffen versicherte Jesus ihnen beim Abschied: »Ich werde, egal zu welcher Zeit und egal, wo ihr gerade seid, immer bei euch sein und euch nie mehr verlassen!« Dann verschwand er irgendwie in eine andere Dimension, eine Dimension, in der Gott ist.

Aber seine Freunde starteten anschließend eine richtige Liebesrevolution, die die ganze Welt bis heute radikal verändert hat! Aus dieser winzig kleinen Truppe von elf Freunden entstand die heute größte Religion der ganzen Welt. Aktuell bezeichnen sich über 2,3 Milliarden Menschen als Christen. Allein in Deutschland gibt es über 57 Millionen Leute, die sagen, dass sie an Jesus glauben. Auch wenn sich die einzelnen christlichen Kirchen in vielen Punkten sehr unterscheiden und auch teilweise zerstritten haben, glaubt jede von ihnen, dass es Jesus wirklich gibt, dass man zu ihm beten kann und dass er diese Gebete auch erhört.

In den nächsten Kapiteln soll es darum gehen, wer Jesus eigentlich ist. Ich möchte ein wenig von ihm schwärmen und deutlich machen, dass einige Menschen ein falsches Bild von Jesus haben, weil sie irgendwelche Lügen glauben.

WAS SAGT DIE BIBEL ÜBER JESUS?

Die Bibel: der größte Bestseller aller Zeiten

Woher bekommt man die besten und genauesten Informationen über Jesus? Zum einen von den Leuten, die an ihn glauben, die mit ihm leben, die mit ihm heute noch befreundet sind. Zum anderen aber vor allem aus dem Buch, das von ihm handelt: die Bibel. Was Leute über Jesus denken und glauben, schwankt und ist nicht immer verlässlich, denn es ist abhängig von der Zeit, der Gesellschaft und auch den Umständen, in denen die Christen leben. Aber die Bibel ist nicht verändert worden, sie ist die wichtigste Informationsquelle über Jesus, die wir heute haben.

Die Bibel ist das meistgelesene Buch überhaupt, sozusagen der größte Bestseller aller Zeiten. Das Wort »Bibel« heißt übrigens richtig übersetzt »die Bücher«, denn es handelt sich nicht nur um ein Buch, sondern eher um eine Sammlung von vielen verschiedenen Büchern. Diese unterschiedlichen Bücher kann man ganz grob in zwei Abteilungen untergliedern: das Alte Testament und das Neue Testament. In der Volxbibel heißen diese beiden »Testamente« auch »Verträge«, denn es geht letztlich um zwei Verträge, die Gott mit den Menschen geschlossen hat. Der erste Vertrag kam durch Abraham zustande, der zweite Vertrag durch Jesus.

Auch wenn die Geschichte von Jesus erst im zweiten Teil, dem Neuen Testament, anfängt, sagen die meisten Theologinnen und Theologen, dass auch schon im ersten Teil ganz viel über ihn drinsteht. Wenn man die ganze Bibel von vorne nach hinten liest, fällt einem auf, dass schon die ersten Kapitel indirekt auf Jesus hinweisen. Das Alte Testament ist mit Sicherheit eine sehr lange Einleitung, aber Jesus wird im Neuen Testament ganz klar zum Hauptakt, zum Mittelpunkt, zum zentralen Thema der ganzen Bibel. Ich glaube, dass die Menschen Gott nie und nimmer wirklich ganz verstehen können, wenn sie nur das Alte Testament lesen. Erst durch Jesus wurde das Bild komplett, durch ihn hat Gott den Menschen gezeigt, wie er wirklich ist.

In den ersten vier Büchern im Neuen Testament kann man die Geschichten lesen, in denen uns Jesus als Person vorgestellt wird. Jedes dieser Bücher wurde von jemand anderem geschrieben: Matthäus, Markus, Lukas und Johannes. Was diese vier Männer aufgeschrieben haben, ist auf jeden Fall eine ganz besondere Geschichte. Es gibt bis heute keine anderen Texte auf der ganzen Welt, die so oft gedruckt und in so viele Sprachen übersetzt worden sind wie diese Berichte über das Leben von Jesus.

Dabei muss man wissen, dass jeder der vier Männer die Geschichte etwas anders erzählt hat. Das ist so, als wären vier Leute im gleichen Kinofilm gewesen. Fragt man später jeden einzeln, worum es eigentlich ging, wird jeder die Handlung etwas anders beschreiben. Der Grund dafür liegt darin, dass jeder die Sache aus seinem eigenen Blickwinkel gesehen hat. Unterschiedliche Menschen nehmen Dinge unterschiedlich wahr, und jedem ist etwas anderes besonders wichtig. Daher kommt es, dass sich diese vier Bücher in der Bibel auch alle etwas unterscheiden.

Nach diesen vier ersten Büchern im Neuen Testament kommt eine längere Beschreibung, wie die Kirche eigentlich entstanden ist. Man nennt dieses Buch »die Apostelgeschichte«. Apostel waren die Leiter und auch die »Helden« der ersten Christen, und einige ihrer Geschichten werden in diesem Buch erzählt. Hinter der Apostelgeschichte findet man dann noch einige Briefe, die unterschiedliche Leute an Gemeinden geschrieben haben, die damals in Europa und Asien entstanden. Diese Briefe sind superwichtig, denn sie enthalten ganz konzentrierte Informationen über das Leben als Christ. Die Bibel schließt mit einer abgefahrenen Vision, die Johannes hatte.

Paulus war ein wichtiger Mann für die ersten Christen

Zu den wichtigsten Leuten, die die Briefe geschrieben haben, gehört ein Mann, der Paulus hieß. Paulus war von Beruf auch so eine Art Theologe. Bevor er angefangen hat, an Jesus zu glauben, hasste er die Christen. Es war nämlich so, dass die Christen von der damaligen Regierung heftig verfolgt wurden, nachdem Jesus von der Erde verschwunden war. Viele kamen in den Knast, wurden verurteilt und sogar öffentlich hingerichtet. Es gab Spezialeinheiten, die nur diesen Job hatten: Christen finden, verurteilen und töten.

Paulus war ein Teil von so einer Spezialeinheit. Dann passierte aber etwas sehr Unerwartetes mit ihm: Mitten auf einer Geschäftsreise hatte er eine krasse Begegnung mit Jesus, die sein ganzes Leben total veränderte. Man kann das in der Apostelgeschichte nachlesen. Paulus wurde ein Christ und ließ sich taufen. Einige Jahre später zog er los und predigte überall in der Gegend. Er erzählte den Leuten, dass nur Jesus Gott ist und dass er die Menschen aus ihrem Mist rausholen kann.

Man kann ohne Übertreibung sagen, dass die Kirche so, wie sie heute existiert, nicht so weit gekommen wäre ohne Paulus. Er hat die Grundlage dafür gelegt, wie Christen noch heute mit bestimmten Sachen umgehen. In der Bibel stehen 14 wichtige Briefe, die Paulus an einige Gemeinden geschrieben hat. Teilweise hatte er diese Gemeinden selbst gegründet, teilweise waren sie von den anderen Jesusschülern gegründet worden.

Die Bibel ist ganz besonders, sie ist heilig

Für die Christen ist die Bibel nicht nur irgendein Buch. Man sagt, die Bibel wäre »heilig«. Heilig bedeutet, dass sie nicht von dieser Welt ist, sie ist etwas ganz Besonderes. Denn die Menschen, welche die Texte in der Bibel geschrieben haben, wurden alle von Gott inspiriert. Viele Leute glauben sogar, dass Gott selbst die komplette Zusammenstellung der Bücher in der Bibel organisiert hat. Über nahezu zweitausend Jahre hat sich immer wieder gezeigt, dass sie voll wahrer und heftiger Aussagen steckt. Dabei hat die Bibel nicht nur die Dimension, dass wir darin Informationen über Gott oder das Leben mit Gott finden. Manche Christen glauben sogar, dass Gottes Kraft irgendwie direkt in den Worten steckt. Ganz oft haben Menschen erlebt, dass die Sätze der Bibel beim Lesen plötzlich eine besondere Bedeutung bekommen haben, so, als würde Gott selbst zu ihnen reden.

Ich hab mal eine Geschichte von einem Mann gehört, der nicht mehr an Gott glauben wollte. Er nahm seine Bibel, die er von seiner Mutter geerbt hatte, und schmiss sie in die Feuertonne im Garten, schüttete etwas Benzin drüber und verbrannte das Teil. Am nächsten Morgen wollte er die Asche in einem Mülleimer entsorgen. Plötzlich fiel ihm ein winzig kleiner Schnipsel Papier in die Hand, der als einziger nicht verbrannt war. Er holte das Stück aus dem Haufen raus. Man konnte dort nur noch einen einzigen kurzen Satz lesen. Dieser Satz war: »Himmel und Erde werden vergehen, aber meine Worte werden nicht vergehen.« (Matthäus 24,35)

Das Zentrum der Bibel ist Jesus

Das Zentrum der ganzen Bibel, auf das alles vorher letztlich hingearbeitet hat und dann seinen großen Höhepunkt findet, ist Jesus. Schon in den ersten Büchern von Mose gibt es Hinweise auf ihn. Die Propheten im Alten Testament kündigen seine Geburt an. Alle wichtigen Informationen über Jesus finden wir dann im Neuen Testament.
Im nächsten Abschnitt will ich eine besondere Stelle aus der Bibel als Grundlage für das nehmen, was ich in diesem Buch rüberbringen möchte. Es handelt sich hierbei um einen sehr heftigen Brief von Paulus, den Kolosserbrief. Ich hätte natürlich auch andere Bibelstellen nehmen können, um Jesus vorzustellen. Paulus hat viel über ihn geschrieben. Aber in diesem Abschnitt schafft er es, in nur wenigen Sätzen konzentriert zusammenzufassen, was so besonders an Jesus war und ist.
Paulus war ein großer Jesusfan, das merkt man an allen seinen Briefen. Er hat von Jesus mehr verstanden, als die meisten Menschen bis heute jemals verstehen werden.
Die Stelle, um die es mir geht, steht in einem Brief an die Gemeinde in Kolossai, einer Kleinstadt in der heutigen Türkei. Im ersten Kapitel, ab Vers 13, schreibt Paulus dort Folgendes über Jesus:

»13 Er [Gott] hat uns ja aus der Gewalt der Finsternis gerettet und uns in das Reich des Sohnes seiner Liebe versetzt. 14 In diesem [Jesus] haben wir die Erlösung, nämlich die Vergebung der Sünden. 15 Er ist ja das Ebenbild des unsichtbaren Gottes, der Erstgeborene der ganzen Schöpfung. 16 Denn in ihm ist alles geschaffen worden, was im Himmel und auf der Erde ist, das Sichtbare wie das Unsichtbare, mögen es Throne oder Herrschaften, Mächte oder Gewalten sein: Alles ist durch ihn und für ihn geschaffen wor-

den. 17 Und er steht über allem und alles hat in ihm seinen Bestand. 18 Ferner ist er das Haupt des Leibes, nämlich der Gemeinde. Er ist der Anfang, der Erstgeborne aus den Toten, er der in allen Dingen den Vorrang haben sollte. 19 Denn es war Gottes Ratschluss, in ihm die ganze Fülle wohnen zu lassen.«

In den nächsten Kapiteln will ich versuchen, deutlich zu machen, was für heftige Aussagen über Jesus hier im Einzelnen drinstecken.

Das Sündenproblem und eine Lösung

... in diesem [Jesus] haben wir die Erlösung, nämlich die Vergebung der Sünden.
Kolosserbrief Kapitel 1, Vers 14

Was ist Sünde?

Was ist Sünde überhaupt? Und warum brauchen wir Erlösung davon, warum Vergebung? Gerade zu dem Thema »Sünde« höre ich immer wieder die seltsamsten Stellungnahmen. Allein das Wort klingt schon staubig und alt, fast so, als hätte es nur bis zum Mittelalter Sünde gegeben.
Man kann relativ leicht beweisen, dass sich das, was als Sünde bezeichnet wird, mit dem Fortschreiten der Gesellschaft immer weiter verändert hat. So war es vor 200 Jahren noch eine Sünde, wenn Frauen einen Rock angezogen haben, der ihre Knie nicht bedeckte. Heute ist das relativ normal in den meisten Kirchen, wenn es nicht zu kalt ist. Rauchen war dafür vor 100 Jahren noch bei den Christen okay, und erst vor 50 Jahren landete das Rauchen plötzlich bei einigen Gemeinden im Sündenregister.
Wenn wir heute das Wort »Sünde« hören, kommen ganz unterschiedliche Bilder und Vorstellungen in uns hoch. Man denkt dabei vielleicht an Mord, das ist wohl unbestritten eine Sünde, in dem Punkt gibt es kaum unterschiedliche Meinungen, übrigens in allen Religionen. Aber in vielen anderen Dingen ist man sich schon nicht mehr so sicher. Wie ist das mit dem Lügen? Gibt es nicht auch manchmal einen guten Grund zu lügen? Wir sprechen ja auch von den sogenannten Notlügen. Oder wie ist das mit dem Klauen? Gibt es nicht manchmal auch eine Situation, wo Klauen okay ist, im Krieg zum Beispiel? Was ist mit

Betrügen oder seinem Partner untreu sein? Ist Fremdgehen eine Sünde? Was ist mit Pornos anschauen, ist das eine Sünde? Und Drogen nehmen, sich besaufen usw.?
Das Wort für »Sünde« in der Originalsprache der Bibel bedeutet eigentlich »am Ziel vorbeischießen«. So, wie man auf eine Dartscheibe wirft und noch nicht mal den Außenring trifft, geschweige denn das »Bullseye«, die 50.
Erst mal ist wichtig, klarzumachen: Es gibt eine Zielvorgabe, die Gott für uns hat. Unsere Taten können dieses Ziel treffen oder danebenhauen. Gott gibt den Menschen eine Vorgabe, er will, dass wir mit unserem Leben genau in die Mitte treffen und nicht daneben.
Wenn man die ganze Bibel einmal durchgelesen hat, kann man leicht sehen, dass Gott eigentlich nie Bock auf strikten Kadavergehorsam hatte, so wie ein General im Militär. Er wollte nicht, dass man nur stur alle seine Gesetze befolgt, ohne darüber nachzudenken. Trotzdem stelle ich immer wieder fest, dass viele Menschen so ein Bild von Gott haben, als wäre er ein faschistoider Verkehrspolizist mit einer langen Sünderkartei, die er penibel genau führt. Einmal über die rote Ampel? Zehn Schläge auf die Finger und drei Punkte im Sündenregister! Einmal zu schnell gefahren? Ab in die Hölle! So, als hätte Gott für das Leben wahllos irgendwelche Regeln aufgestellt, wie für ein großes Monopolyspiel. Wer sich nicht an die Regeln hält, der fliegt raus. »Gehen Sie in die Hölle, begeben Sie sich direkt dorthin, gehen Sie nicht über Los, ziehen Sie keine 2000 Euro ein!«
Aber das ist totaler Schwachsinn! Warum sollte Gott so sein? Es geht ihm nicht um Regeln, sondern um das Leben und das Lebensglück eines jeden Menschen. Ich bin fest davon überzeugt, dass alles, was Gott von uns will, auch für uns gut ist! Er will, dass wir mit allem, was wir tun, immer die Zwölf treffen, dass wir genau so leben, wie er

es sich vorgestellt hat. Gott ist der Experte in Sachen Leben! Er ist der Architekt, er hat das Leben gemacht und weiß genau, wo die Gefahren auf uns lauern. Wenn Gott etwas von den Menschen will, dann hat das immer einen Sinn, auch wenn sich der Sinn für uns nicht immer sofort erschließen lässt. Wenn wir nicht nach seinem Plan leben, dann geraten wir in Gefahr, wir werden früher oder später daran sterben.

Sünde ist tödlich

Sünde ist eben tödlich, sie ist wie ein sich ausbreitender Krebs. Sie macht Menschen kaputt, einsam und krank, sie zerstört unser Zusammenleben, sie tötet alles, was gut ist. Paulus beschreibt Sünde in seinen Briefen manchmal wie eine unsichtbare dunkle Macht, die uns, unsere Beziehungen untereinander und unsere Beziehung zu Gott zerstören will. Und Letzteres ist vermutlich die schlimmste Auswirkung; denn wenn Sünde uns von Gott trennt, dann sind wir getrennt vom Leben. Wenn nichts gegen diese Macht unternommen wird, dann müssen wir daran – bei einigen Sünden sogar buchstäblich – sterben. Darum ist das ein wirklich wichtiges Thema.

Wie gehen wir mit Sünde um?

Nach meiner Beobachtung gibt es unterschiedliche Möglichkeiten, wie Leute mit dem Thema Sünde umgehen. Zum Beispiel streiten viele einfach ab, dass es Sünde überhaupt gibt, auch wenn sie irgendwie an Gott glauben. Sie denken, dass jeder das tun soll, was er als richtig empfindet, solange kein anderer verletzt wird und man sich im Groben an die Gesetze hält. Dass uns aber eine höhere,

göttliche Instanz sagt, was richtig und was falsch ist, lehnen viele ab.
Eine andere Art, wie Menschen mit Sünde umgehen, ist, dass sie die Sünde schlicht verharmlosen. Im Rheinland gibt es ein beliebtes Karnevalslied, das Millionen Menschen jedes Jahr immer wieder singen. Im Refrain geht der Text so:

»… Wir sind alle kleine Sünderlein,
's war immer so, 's war immer so.
Der Herrgott wird es uns bestimmt verzeih'n,
's war immer, immer so.
Denn warum sollten wir auf Erden
schon lauter kleine Englein werden?
Wir sind alle kleine Sünderlein …«

Interessanterweise gibt der Text zu, dass jeder irgendwie sündigt, aber mit einer völlig anderen Konsequenz. Es wird heruntergespielt, es sind ja nur »kleine« Sünden, und deswegen sind wir auch nur »kleine« Sünder, eben »Sünderlein«. Mit anderen Worten: Es ist nicht ganz so schlimm, es fällt am Ende doch unter den Tisch.
Dann gibt es drittens auch viele Leute, die bei »Sünde« sogar an etwas Positives denken. An ein sexuelles Abenteuer oder an ein leckeres Stück Schokolade während der Diät oder an eine Praline zu viel am Abend vor dem Schlafengehen.
Und es gibt zum Schluss auch immer noch die Möglichkeit, die Schuld, besonders gern die eigene Sünde, auf andere zu schieben. Dann heißt es: »Meine Eltern sind schuld! Die haben mich falsch erzogen. Darum bin ich so.« Oder: »Die Gesellschaft ist schuld! Die hat mich dazu gezwungen!« Oder: »Die Kirche ist schuld! Die haben falsch gepredigt!«

Die Bibel macht hier aber eine ziemlich krasse Aussage, die in eine völlig andere Richtung geht.
Paulus stellt im Neuen Testament in einem seiner anderen Briefe eine radikale Behauptung auf. Dort schreibt er an eine Gemeinde in Rom im dritten Kapitel, Vers 23: »Sie sind allesamt Sünder und ermangeln des Ruhmes, den sie bei Gott haben sollten.« Wenn Paulus dort »allesamt« schreibt, dann meint er auch alle. »Alle« heißt »alle«, Punkt. Es gibt keine Ausnahme! Vom Papst bis zum Attentäter vom 11. September, von Michael Jackson bis zu Mutter Teresa: Wir sind alle Sünder, wir bauen alle Scheiße, wir tun alle immer wieder Sachen, die Gott nicht will! Vielleicht ist das für manch einen erst mal schwer zu verdauen. Trotzdem bin ich mir sicher: Paulus hat recht! Es gibt keinen Menschen, der immer das tut, was Gott will. Jeder baut Mist, die einen mehr, die anderen weniger. Das ist wie so ein unsichtbares Programm, das in uns abläuft. Auch wenn wir uns noch so sehr bemühen und anstrengen, jeder haut mal daneben und tut Dinge, die nicht gut sind.

Ist Sünde vielleicht das Hauptproblem dieser Welt?

Das klingt jetzt vielleicht etwas übertrieben, aber ich glaube, dass Sünde tatsächlich das Hauptproblem dieser Welt ist. Leider kommt das in keinem Parteiprogramm vor. Die Umwelt oder die Wirtschaft, das sind Themen, mit denen Politiker werben, damit wir ihnen unsere Stimme geben. Wir investieren in Wirtschaftswachstum, Umweltpolitik oder in die Rüstung. Fakt ist aber, dass sich unsere Welt schlagartig zum Positiven verändern würde, wenn, sagen wir mal, nur zehn Prozent der Menschen sich wirklich bemühen würden, das zu tun, was Jesus gesagt hat, was Gott von ihnen will. Warum?

Wenn Menschen nicht sündigen würden, gäbe es keine Kriege, das ist doch klar! Wenn Menschen nicht sündigen würden, gäbe es keine Hungersnöte, denn wir würden das tun, was Jesus von uns möchte. Darum würden wir natürlich die Lebensmittel gerecht an alle verteilen. Eigentlich müsste ja kein Mensch hungern, es gibt mehr als genug zu essen auf der ganzen Welt. Wenn Menschen nicht sündigen würden, gingen wir auch mit der Umwelt besser um und hätten heute nicht die Probleme, die wir haben. Das ist doch logisch oder?

Mal ein Beispiel: Was wäre, wenn die Menschen es einmal ernst nehmen würden, wenn Jesus fordert: »Liebe deinen Nächsten, liebe deinen Nachbarn«? Ich bin mir ziemlich sicher, dass Obdachlosigkeit kein Problem mehr bei uns wäre, weil es ja eigentlich genug Plätze gibt, wo die Leute pennen könnten. Ich hab neulich mal gelesen, dass schon fünf Prozent aller Garagen in Deutschland locker reichen würden, um jedem Menschen ein Dach über dem Kopf zu geben! Hallo? Wie krank ist das denn? Wir stellen unser Auto jeden Winter in eine beheizte Garage, und draußen erfrieren die Menschen? Im letzten Jahr sind 15 Obdachlose in nur einer kalten Nacht gestorben.

Es gäbe vermutlich aber auch kaum noch Arbeitslose, weil die Unternehmer sich mehr um die Arbeiter sorgen würden als um ihren wachsenden Profit.

Wir hätten garantiert auch keinen Börsencrash in den letzten Jahren gehabt, bei dem Millionen von Dollar einfach verbrannt wurden, denn dort ging es letztlich ja auch nur um noch mehr Reichtum für einige wenige Leute. Börsenmakler und Banker würden nicht mehr nur an ihren Profit denken, sondern auch an ihre Nachbarn.

Wie könnten wir Kriege führen, wenn wir die Ansage von Jesus »Liebe deine Feinde« ernst nehmen würden? Wie könnten wir Milliarden in die Rüstungsindustrie stecken, wenn wir wirklich das tun würden, was Gott von uns will?

Ist Sünde so gesehen nicht wirklich ein aktuelles Problem?
Aber gehen wir mal von den internationalen Problemen weg und schauen noch mal mehr in unser direktes Umfeld. Vermutlich wären die Psychiatrien in Deutschland fast leer, wenn alle Menschen tun würden, was Gott will. Kannst du dir das vorstellen? Die Therapeuten hätten nicht mehr die Praxen voll gestörter Menschen, weil es Eltern wichtig gewesen wäre, von früh auf ihre Kinder wirklich zu lieben und zu achten. Auch die Gefängnisse wären leer, denn Jugendliche würden kapieren, dass Respekt auch eine Form von Liebe ist. Alle Fußballfans würden sich friedlich bei den Spielen treffen und anschließend ein Bier trinken gehen. Die Welt ohne Sünde wäre das reinste Paradies.
Ist das jetzt wirklich eine realistische Beurteilung für die Ursache aller Probleme dieser Welt? Nein, das sollte es auch nicht sein. Ich wollte nur versuchen, dieser Sache einen Namen zu geben. Und der Name ist weder soziale Ungerechtigkeit, Steuerflucht, Inflation, Krieg, Umweltzerstörung, Terrorismus, Wirtschaftskrise noch Arbeitslosigkeit. Der Name ist Sünde.

Anarchie oder Gottarchie

Dass Gott einen Plan für die Menschen hat, war schon von Anfang an klar. Die Bibel beschreibt das im ersten Buch von Mose. Dort kann man in einer Geschichte von Adam und Eva lesen, wie das Problem mit der Sünde erst losging. Es wird erzählt, dass Gott Adam und Eva eigentlich alles erlaubt hatte. Sie durften von allen Früchten essen, den ganzen Tag faulenzen, sich stundenlang in der Nase pulen oder Sex haben bis zum Abwinken. Es gab nur eine Sache, die sie nicht machen sollten: die Früchte von einem bestimmten Baum essen, dem »Baum der Erkenntnis«. Denn wenn man von diesen Früchten essen würde, dann wäre man wie Gott und könnte plötzlich erkennen, was gut ist und was nicht. Gott wollte also ursprünglich, dass wir uns keinen Kopf über Sünde machen müssen. Das war sein Plan, ein guter Plan, wie ich finde. Man stelle sich das mal vor, grenzenlose Freiheit! Nicht Anarchie, sondern Gottarchie! Alles ist erlaubt! Es gab nur diese eine kleine Sache, die die Menschen nicht tun durften. Aber wir wissen vermutlich fast alle, wie die Geschichte ausging. Im Buch Mose wird erzählt, dass die Menschen von dem Bösen nicht die Finger lassen konnten. Sie wollten nicht glauben, dass Gott recht hat, dass es nicht gut ist, von diesen Früchten zu essen. Sie vertrauten Gott nicht, sie glaubten lieber der Schlange. Ich denke, dass diese Geschichte ein Bild für alle Menschen ist, dafür, wie wir einfach drauf sind. Wir vertrauen Gott nicht, wir glauben mehr an uns, an unsere Fähigkeiten, an unseren Verstand, als an ihn. Und wir hören lieber der Schlange zu als Gott. Misstrauen ist eigentlich die erste Sünde schlechthin, die Ursünde.

Gott hat sich in die Menschen verliebt

Eigentlich hätte Gott schon hier, bei Adam und Eva, die Geschichte mit den Menschen in die Tonne drücken können. »Experiment hat nicht geklappt, die Menschen wollen nicht das tun, was ich ihnen sage, sie vertrauen mir nicht. Also Schluss damit. Ich habe fertig!« Aber ihm war etwas passiert, womit er vielleicht selbst nicht gerechnet hat: Gott hatte sich in die Menschen verliebt. Er liebte sie so sehr, dass er sie nicht mehr aufgeben wollte.
So kann man in den folgenden Büchern der Bibel immer wieder lesen, wie Gott um die Liebe der Menschen kämpft.

Er will, dass sich die Menschen freiwillig für ihn und seine Idee vom Leben entscheiden. Dabei gibt er ihnen Regeln – moralische, aber auch hygienische Regeln, wobei er voraussetzt, dass die Menschen darauf vertrauen, dass er es gut mit ihnen meint.
Mose bekam von Gott zehn Grundregeln, man nennt die auch die Zehn Gebote. Viele dieser Gebote sind heute im Grundgesetz von vielen Ländern eingearbeitet. Dazu gab es aber auch noch viele andere Gesetze, die für die Juden superwichtig waren. Es ging dabei um Dinge wie Essen, aber auch um Sex oder Diebstahl, Betrug oder Lüge. Aus der damaligen Sicht müssen diese Gesetze für die Juden teilweise echt schwachsinnig geklungen haben. »Hä, Gott? Warum darf ich mit meiner Frau nicht schlafen, wenn sie ihre Tage hat? Warum darf ich Fleisch nicht essen, bevor ich mir nicht die Hände gewaschen habe?« Aber aus heutiger Sicht ist vieles davon plötzlich total sinnvoll! Ging es Gott vielleicht nicht nur um Gehorsam, sondern auch um Hygiene? Er wusste schließlich von Bakterien und Viren, bevor die Menschen davon wussten.

Wie sieht das aus mit Lügen?

Eine Sache, die Gott auch als Sünde bezeichnet, ist Lüge. In den Gesetzen im Buch Mose sagt er: »Du sollst nicht lügen!« Ich will mal etwas zu dieser ganz speziellen Sünde sagen. Nach meiner Beobachtung ist Lügen heute eigentlich schon fast normal, jeder rechnet damit, dass gelogen wird. Ständig kann man im Fernsehen, im Internet, in Filmen, in Artikeln und Büchern sehen oder lesen, wie Menschen andere Menschen belügen. Kaum einer regt sich darüber noch auf. Nehmen wir als Beispiel die Politik. Wenn ein Politiker vor der Wahl etwas verspricht, rechnet heute eigentlich keiner damit, dass dieses Versprechen auch eingehalten wird. Die meisten wissen, dass es nur »Wahlversprechen« sind, die schön klingen, aber nicht eingehalten werden müssen. Wir wählen die Partei mit den besten Versprechen, aber rechnen damit, dass diese Versprechen eigentlich Lügen sind! Dass in der Politik auch gelogen wird, ist schon fast normal, es gehört dazu. Einige dieser Lügen werden sogar enttarnt und kommen in die Presse. Dann gibt es einen kurzen Aufschrei, einen Artikel auf der ersten Seite der *Bildzeitung* und vielleicht eine Talkshow, in der über diese Lüge gesprochen wird. Aber das war es dann auch schon. Ich finde das echt heftig.

Mal ein Beispiel: Vor einigen Jahren gab es einen Präsidenten in den USA, der hieß Bill Clinton. Präsident Clinton war verheiratet, konservativ und bezeichnete sich auch als Christ. Allerdings hatte er eine Schwäche für Frauen. In seinem Büro arbeitete eine junge Praktikantin, die Monica Lewinsky hieß. Und Monica sorgte dann mal für eine große Schlagzeile, in der sie die Behauptung aufstellte, Präsident Clinton hätte mit ihr in seinem Büro Sex gehabt. Natürlich hat der Präsident alles abgestritten. In einer großen, auf CNN weltweit ausgestrahlten Presseerklärung schwor er laut: »Ich hatte niemals eine sexuelle Beziehung zu Monica Lewinsky!« Relativ schnell wurde dann aber klar, dass dies schlichtweg eine Lüge war, und es gab dazu auch einige Beweise. Was mich heute immer noch überrascht: Es hatte überhaupt keine Konsequenzen! Der mächtigste Mann der Welt hatte Milliarden von Menschen angelogen, ohne mit der Wimper zu zucken. Trotzdem blieb er im Amt und erledigte weiter die Geschäfte der mächtigsten Nation der Welt, bis zur nächsten Amtsperiode.

Auch im Sport ist es nicht anders. Im Jahr 2002 hatte ein sehr erfolgreicher Fußball-Bundesligatrainer einen Vertrag unterschrieben, der ihn zum neuen Trainer der deutschen Nationalmannschaft machen sollte. Schließlich kam das Gerücht auf, dass er Kokain konsumieren würde, ein großer Skandal bahnte sich an. Der Trainer sah sich gezwungen, eine Presseerklärung abzugeben, in der er vor laufenden Kameras versicherte, keinerlei Drogen genommen zu haben und dass er dies auch beweisen könne. »Ich habe ein reines Gewissen!«, rief er den Menschen zu. Schließlich ergab eine Haarprobe genau das Gegenteil: Ein Kokainkonsum über einen längeren Zeitraum wurde nachgewiesen, er hatte schlichtweg gelogen.

Was ist die Folge der Lüge? Der Vertrauenspegel sinkt gegen null! Wie kann man vertrauen, wie kann man glauben, wenn doch überall gelogen wird?

Die Sünde der Lüge hat aber auch noch andere Konsequenzen, die wir im Alltag überall erleben können. Jugendliche glauben ihren Eltern nicht mehr, weil sie zu oft belogen wurden. Angestellte glauben ihren Chefs nicht mehr, weil sie zu oft belogen wurden. Ehefrauen glauben ihren Ehemännern nicht mehr, weil sie zu oft belogen wurden. Und wir belügen den Staat in unserer Steuererklärung und finden, das ist ja eigentlich nicht so schlimm, das machen ja alle.

Wie sieht es aus mit Leute bescheißen und seinem Partner untreu sein?

Vielleicht sollten wir noch einmal von einer anderen Sünde sprechen. Wie sieht es mit der Untreue in einer Beziehung aus? Wie, findet Gott, sollte man in Bezug auf Treue zu seinem Partner leben? Ab wann ist man eigentlich untreu und ab wann nicht mehr? Jesus selbst macht dazu eine ziemlich krasse Aussage. Die findet man in Matthäus 5, Vers 28. Dort steht: »Ich aber sage euch: Wer eine Frau

ansieht, sie zu begehren, der hat schon mit ihr die Ehe gebrochen in seinem Herzen.« In der Volxbibel heißt das so: »Ich sags euch: Wer alleine auf eine verheiratete Frau schon scharf ist [...], ist mit ihr im Gedanken schon fremdgegangen.«
Könnte es sein, dass Ehebruch nicht erst dann vollzogen wird, wenn wir mit einem Menschen im Bett sind, sondern schon sehr viel früher? Wo fängt der Betrug eigentlich genau an? Beim Knutschen? Oder beim Petting? Oder vielleicht schon beim Händchenhalten? Nein, Jesus sagt: »Wenn du eine Frau anschaust und sie begehrst, hast du mit ihr die Ehe gebrochen!« Es fängt beim Anschauen an, beim »Begehren«, es findet in den Gedanken statt! Wer kennt das?
Es geht mir nicht darum, hier jetzt den Moralischen raushängen zu lassen. Aber ich möchte auch den letzten Leser davon überzeugen, dass jeder das Problem kennt, das ich Sünde nenne, und dass es ein echtes Problem ist. Wobei ich vermute, dass die meisten Menschen irgendwie spüren, wenn sie Mist gebaut haben; oft muss da keine große Überzeugungsarbeit geleistet werden. Man merkt das am schlechten Gewissen, man fühlt sich nicht mehr gut, da ist etwas Dunkles passiert, etwas, das nicht in Ordnung ist. Manchmal kann man das schlechte Gefühl verdrängen, das Gewissen schlägt nicht mehr an, es beruhigt sich. Aber doch ist es da, und jeder hat das schon mal erlebt.

Heroin und Selbstvergiftung

Dabei hat Sünde mehrere ätzende Auswirkungen auf unterschiedlichen Ebenen. Von der ersten Ebene hab ich gerade gesprochen. Diese spielt sich direkt bei den Menschen ab, sie liegt hier auf der Welt. Ich bin fest davon überzeugt, dass alles, was Gott von uns will, gut für uns ist. Er meint es gut mit den Menschen, er liebt uns wie verrückt. Es geht Gott nicht um irgendwelche aus der Luft gegriffenen Regeln, die wir einfach befolgen müssen – als wäre das so ein Test, ob wir Menschen auch bereit sind, ihm zu gehorchen. Gott ist kein Faschist, er ist kein erbarmungsloser, selbstsüchtiger Diktator, dem es nur um sich und seine Macht geht. Alles, was Gott tut, hat er *für* die Menschen getan und nicht *gegen* sie. Er hat uns diese wirklich schöne Welt geschenkt, damit wir darin leben und unseren Spaß haben. Was Gott von uns will, ist gut für uns! Gott meint es gut mit den Menschen! Er liebt uns! Man kann also davon ausgehen, dass viele Probleme daher kommen, dass man entweder selbst gesündigt hat oder umgekehrt sich jemand anders an einem selbst versündigt hat. Gott hat mit den meisten unserer Probleme wirklich nichts zu tun.

Ich habe viele Jahre mit drogenabhängigen Jugendlichen in Hamburg gearbeitet. Es gibt eine Untersuchung, die feststellt, dass von den heroinabhängigen Mädchen, die sich prostituieren, fast 100 Prozent in der Kindheit von einem nahen Verwandten sexuell missbraucht worden sind. Die Auswirkung dieser gemeinen Sünde war ein großer Hass gegen sich selbst, der auch den eigenen Körper betraf. Heroin wird unter Süchtigen auch als »Gift« bezeichnet. Genau genommen bedeutet es also, dass Süchtige sich mit dem Heroin selbst vergiften, sie wollen nicht mehr leben. Was für eine heftige, vernichtende, tödliche Auswirkung hat diese Sünde, die durch den Missbrauch von einem Verwandten entstanden ist! Sicher ist das jetzt ein besonders krasses Beispiel. Aber ich denke, jeder könnte, wenn er ehrlich ist, ein paar Sünden aufzählen, die einen ganz offensichtlichen, negativen Effekt entweder auf ihn oder auf das Leben anderer gehabt haben.

Wie kann Gott das Leid zulassen?

Manchmal fragen mich Menschen, wie Gott all das Leid in dieser Welt zulassen kann. Ich kann diese Frage zwar verstehen, denke aber, dass sie an die falsche Adresse gerichtet ist. Wer sorgt denn für das Leid in dieser Welt, ist das wirklich Gott? Oder sind es die Menschen? Für mich ist die Antwort eindeutig: Es sind die Menschen! Die Menschen zetteln Kriege an. Die Menschen versiffen die Umwelt. Die Menschen verletzen sich gegenseitig. Die Menschen sorgen dafür, dass die Ozonschicht immer dünner wird. Die Menschen sorgen für die größten Umweltkatastrophen, weil sie das Ökosystem durcheinanderbringen. Wir haben genug zu essen auf der Welt, aber trotzdem wird die Nahrung nicht gerecht verteilt. Darum haben eigentlich die Menschen Schuld, dass es so viel Hunger auf der Welt gibt, und nicht Gott.

Ich denke, das Leid kommt daher, dass Gott nicht mehr der Chef in unserer Welt ist, so sagt es auch die Bibel. Die Menschen wollten das Ruder übernehmen, sie vertrauen Gott nicht mehr. Darum leben wir in einer Welt ohne Gott, in einer gottlosen Atmosphäre. Gott steht daneben mit ausgestreckten Armen. Er kam durch Jesus in die Welt, um uns den ultimativen Ausstieg aus dem Chaos anzubieten. Die ausgestreckten Arme von Gott finden wir in Jesus.

Eine weitere Auswirkung: Sünde trennt uns von Gott

Die zweite heftige Auswirkung von Sünde geht in eine andere Ebene. In der ersten Ebene ging es darum, dass Sünde die Menschen selbst kaputt macht und auch ihre Beziehungen zueinander. Die zweite Auswirkung schlägt sich aber auf die Beziehung zwischen Gott und den Menschen nieder. Wie gesagt: Immer wenn Menschen sündigen, drücken sie damit aus, dass sie Gott nicht richtig vertrauen. Wir zeigen ihm damit eigentlich den Mittelfinger. Was Gott will, ist egal, wir glauben, dass wir es besser wissen. Es gibt unterschiedliche Theorien, wo das deutsche Wort »Sünde« eigentlich herkommt. Die eine besagt, dass es von dem Wort »Sund« abstammt. Ein Sund ist ein Graben, der ein Stück Land von einem anderen Land trennt. Gott und Sünde geht nicht zusammen, sie trennt uns von ihm, sie hält uns von ihm fern. Das ist so wie Feuer und Wasser, wie St. Pauli und Bayern München, wie Himmel und Hölle, das geht einfach nicht zusammen. Sünde schlägt einen tiefen Graben zwischen Gott und den Menschen, sie sorgt für einen Abstand. Gott geht nicht mit Sünde zusammen, weil an ihm nichts Schlechtes, nichts Sündiges ist. Die Bibel sagt: »Gott ist Licht, und in ihm ist keine Finsternis.« (1. Johannes 1, Vers 5.) Das bedeutet: Immer wenn ein Mensch nicht mehr mit Gott zusammen ist, dann ist er auch getrennt vom Leben. Es ist so, als wäre ein Baum von seiner Wurzel abgeschnitten; der Baum müsste langsam sterben. Wir drehen uns selbst den Saft ab, wir entfernen uns von der Quelle, aus der ständig frisches, gutes Leben sprudelt. In der Bibelstelle steht »Gott ist Licht«, es gibt keinen dunklen Fleck in ihm. Beim Zeichen »Yin und Yang«, diesem Kreis mit einer schwarzen und einer weißen Hälfte, was viele Pseudohippies in ihrer Wohnung oder im Auto hängen haben, ist in jeder dieser Hälften noch ein kleiner Punkt, in der schwarzen ein weißer und in der weißen ein schwarzer Punkt. Die Aussage von »Yin und Yang« ist, dass in jedem Guten auch etwas Böses ist und in jedem Bösen auch etwas Gutes. Auf den Gott der Bibel trifft das aber nicht zu. Gott ist zu 100 Prozent gut, es gibt nichts Schlechtes an ihm, nichts Dreckiges, nichts Sündiges, auch nicht einen kleinen Punkt.

Weil Gott und Sünde nicht zusammen gehen, trennt uns jede Sünde, die wir tun, auch von ihm. Jeder Mist, den ich gebaut habe, trennt mich wie ein Graben von Gott. Darum fühlen wir uns auch manchmal so entfernt von ihm, wenn wir Mist gebaut haben.

Immun gegen ein schlechtes Gewissen

Allerdings glaube ich auch, dass es viele Menschen gibt, die bereits immun gegen Schuldgefühle und ein schlechtes Gewissen sind. Sie haben ihr Hirn so mit falschen Moralvorstellungen zugeballert, dass das Gewissen nicht mehr funktioniert – normalerweise schlägt es sofort an, wenn man gesündigt hat. Solche Menschen sind nicht mehr in der Lage, zwischen »richtig« und »falsch« zu unterscheiden. »Alles, was sich gut anfühlt, ist auch gut«, ist das Motto. Ich denke, wer so drauf ist, den kann man nur bemitleiden. So einer merkt gar nicht, wie er sich und auch seine Umwelt langsam kaputt macht.

Wie hat Gott dieses ätzende Sündenproblem gelöst?

Aber irgendwann muss Gott sich gesagt haben: »Wie kann ich diesen Todeskreislauf durchbrechen? Was kann ich tun, damit die Menschen ein für alle Mal einen Weg finden, wie sie wieder klarkommen können? Was kann ich tun, damit sie eine Chance haben, noch mal ganz neu anzufangen? Was kann passieren, dass die Menschen nicht länger von mir getrennt sind?« Also hat Gott einen Rettungsplan entworfen, und dieser Plan heißt Jesus. Die anfangs zitierte Bibelstelle beschreibt in wenigen Worten die ultimative Lösung für das heftigste Problem der

Menschheit und spricht von Jesus, *»in dem wir die Erlösung haben, nämlich die Vergebung der Sünden«*. Was bedeutet das? Durch Jesus haben wir die Chance bekommen, uns von jedem Dreck sauber zu machen. Jesus hat die Lösung, er kann uns von den Sünden »erlösen«, er kann uns von diesem Problem für immer befreien! Er ist die Brücke über den Graben zu Gott, der durch unsere Sünden entstanden ist. Und durch ihn sind wir in der Lage, es beim nächsten Mal besser zu machen, wir können immer wieder neu anfangen.

Warum ist Jesus überhaupt auf die Welt gekommen?

Viele Leute wissen gar nicht, dass genau das der eigentliche Grund war, warum Jesus auf die Welt gekommen ist. Jesus ist nicht gekommen, um eine neue Religion zu gründen oder Menschen zu heilen oder eine politische Revolution anzuzetteln, auch wenn die Leute das von ihm wollten. Damals hatten viele Menschen darauf gewartet, dass so ein Typ zu ihnen kommt, den sie »Messias« nannten, wenn sie von ihm sprachen. Die Propheten hatten schon vor langer Zeit angekündigt, dass dieser Retter irgendwann kommt. Das Wort »Messias« wird in der Volxbibel mit »der Auserwählte« übersetzt, entliehen aus dem Film »Matrix«. Es gab in der Zeit eine ganz konkrete Vorstellung, was dieser Auserwählte alles tun würde, und eine davon war, dass er Israel von der Besatzungsmacht befreien und ein neues politisches System aufbauen würde. Aber das war nicht der Grund, warum Jesus auf die Welt gekommen ist.

Bevor Jesus geboren wurde, hatte sein weltlicher Vater Josef ein Treffen mit einem Engel. Dieser Engel kam in einer Nacht an sein Bett und sagte zu ihm, dass seine Frau

Maria ein Baby bekommen würde. In der Luther-Bibel sagt der Engel dann folgenden Satz zu Josef: »Und sie wird einen Sohn gebären, dem sollst du den Namen Jesus geben, denn er wird sein Volk retten von ihren Sünden.« (Matthäus 1,21.) Was ist das für eine heftige Ansage! Es bedeutet ja: Die wichtigste Aufgabe, zu der Jesus auf die Welt kam, war, uns von unserem Sündenproblem zu befreien!

Wie man mit Sünden umgehen kann

Ich glaube, manchen wäre es anders lieber. Wir würden gern unsere Sünden irgendwie selbst abarbeiten. Vielleicht für jede Lüge einmal einen Baum fällen, mit viel Schweiß und Schmerzen? Bloß, wie viele Bäume wären das für Betrug? Wie viele für Fremdgehen? Wie viele für Mord? Anstelle von Bäumen müssen heute bestimmte Gebetsrituale herhalten oder Kerzen, die irgendwo angezündet werden. Die Bibel beschreibt aber einen anderen Weg. Es geht darum, seine Fehler einzugestehen und nicht länger drum herumzureden. Wir müssen zu Jesus beten und ihm sagen: »Ja, Jesus, ich gebe es zu! Ich hab Mist gebaut! Es tut mir leid! Bitte verzeih mir das!«

Wenn ich mich mit Leuten über ihre Sünden unterhalte, kommen oft solche Entschuldigungen wie: »Das haben damals doch alle gemacht!« Oder: »Ich bin als Kind von meinem Vater oft geschlagen worden!« Oder: »Die anderen haben mich dazu gedrängt!« Ist das falsch oder richtig? Keine Ahnung! Aber eins ist sicher: Das hat Gott nicht mit Bekennen gemeint! Bekennen heißt: »Ja, Jesus, ich hab Scheiße gebaut! Ich geb es zu! Es war nicht richtig! Es tut mir leid!« Das tut weh, es ist eine Demütigung, besonders für die Menschen, die immer alles richtig machen wollen. Aber es ist der einzige Weg, um frei zu werden. Denn wenn wir das machen, so verspricht uns die Bibel, sind wir den Dreck los. Jesus sorgt dafür, dass die Trennung zwischen Gott und uns sofort aufgehoben wird. Jeder kann wieder neu anfangen, ist sauber und okay.

Buße, was ist das?

Es gibt ein Wort, das so alt ist, dass es kaum einer noch kennt. Dieses Wort heißt »Buße«. Buße bedeutet nicht, sich mit einer Peitsche ständig selbst zu schlagen, bis der Rücken blutig ist. Buße bedeutet, dass Menschen ihre Fehler wirklich einsehen und ihr Leben ändern. Wer Buße tut, gibt seinem Leben eine neue Richtung. Vorher ging das Leben in Richtung Zerstörung, Einsamkeit, Tod, Hölle. Dann geht es aber in Richtung Heilung, Freude, Himmel, Gott.

Ich glaube, es wäre eine gute Sache, wenn es unter den Christen wieder eine neue, gesunde »Bußkultur« geben würde. Eine Kultur, in der niemand mehr versucht, besser dazustehen, als er wirklich ist. Eine Atmosphäre, in der es leichter fällt, den eigenen Mist vor den anderen zu bekennen, wo man aufhört, sich rauszureden und zu entschuldigen.

Es ist so einfach, seine Sünde loszuwerden

Gott hat es uns echt einfach gemacht. Manchmal frage ich mich, ob es nicht vielleicht etwas zu einfach ist. Es ist so leicht, seinen Dreck bei ihm loszuwerden! Wie geht das?

In der Bibel steht folgender Satz im ersten Johannesbrief, im ersten Kapitel, Vers 9: »Wenn wir aber unsre Sünden bekennen, so ist er treu und gerecht, dass er uns die Sünden vergibt und reinigt uns von aller Ungerechtigkeit!« Wem sollen wir diese Sünden bekennen? Natürlich Jesus! Wenn wir Jesus unsere Fehler bekennen, sind wir in der Lage, immer wieder neu anzufangen. Gott vergibt uns den Mist und macht unser Gewissen wieder sauber. Und mit jedem Neuanfang können wir es besser machen, wir können lernen, besser zu leben als vorher. So sorgt Jesus dafür, dass wir immer wieder eine neue Chance bekommen.

Ein Pastor sagte einmal zu mir, dass Sünde eigentlich nur im Dunkeln, als Geheimnis, seine tödliche Wirkung entfalten kann. Ich denke, da ist was Wahres dran. Wenn wir sie aussprechen, sie bekennen und dazu stehen, hat sie plötzlich ihre Macht verloren. Erst dann kann man auch mit vielen Problemen umgehen, vielleicht mal eine Therapie beginnen oder in die Seelsorge gehen. Sünde muss ans Licht vor Gott, und Sünde muss zu Jesus.

Sexueller Missbrauch bei Priestern

Ich denke, hier liegt auch ein großes Problem bei vielen Priestern und Pastoren. Es gibt nämlich gerade dort auch keine echte Bußkultur. Viele Leute denken: »Ein Priester hat keine Sündenprobleme!« Dabei sind Priester und Pastoren ganz normale Menschen, die denselben Versuchungen ausgesetzt sind wie jeder andere auch. So müssen sie Sünden mit sich allein abmachen, jede Versuchung bleibt im Dunkeln. Dadurch gewinnt die Sünde aber erst ihre Explosionskraft. Wenn man stattdessen einen befreundeten Priester hätte, dem man immer wieder ganz offen bekennen könnte, dass man zum Beispiel irgendwelche sexuellen Fantasien hat, wäre die Gefahr schon fast gebannt. Die Sünde wäre dann ans Licht gekommen, man könnte damit viel besser umgehen. Solange sie aber ein Geheimnis bleibt, wird sie zu einer großen Gefahr, auch für den pädophil veranlagten Priester und noch mehr für die jungen Männer, mit denen sich der Priester umgibt. Seine Sünden zugeben, seinen Mist bekennen, das hat eine große lebensverändernde Kraft. Wer selbst erlebt hat, dass Jesus die eigenen Sünden vergibt, ist auch viel leichter in der Lage, anderen zu vergeben! Und das ist oft genauso wichtig wie die Vergebung der eigenen Schuld.

Wenn andere uns verletzt haben: Vergebung ist der Schlüssel zur Heilung

Wie gehen wir mit den Sünden um, die andere uns angetan haben? Was tun wir, wenn wir von unseren Mitmenschen verletzt wurden, wenn man sich an uns versündigt hat?
Es gab mal eine Situation in meinem Leben, in der ich von einigen Freunden sehr verletzt worden bin. Jahrelang hab ich mit dieser Sache zu tun gehabt, ich war sauer, wütend, enttäuscht und traurig. In meinen Gedanken gab es immer neue Rachepläne, ich habe sogar von einem Anwalt prüfen lassen, ob ich mich mit einer Anzeige an den »Tätern« hätte rächen könnte, und die Chancen standen gar nicht mal schlecht. Eine Zeitlang habe ich jedem davon erzählt, wie ungerecht man mit mir umgegangen ist, und in der Therapie war es über viele Monate ständiges Thema.
Im Rückblick musste ich mir die Frage stellen: Hat mir das geholfen? Nein! Wirklich frei bin ich erst geworden, als ich mit einem Gebet zu Jesus gehen konnte, um dort zu sagen: »Es hat mich verletzt, aber ich vergebe! Die Sache ist jetzt bei dir und vorbei! Amen!« Durch dieses ehrlich gemeinte Bekenntnis bin ich innerlich spürbar befreit worden. Gott hat mir den Hass genommen und gleichzeitig auch den Schmerz. Im »Vaterunser« beten wir: »Und vergib uns unsere Schuld, wie auch wir verge-

ben unseren Schuldigern.« Das klingt jetzt vielleicht hart, aber in diesem Gebet steckt auch eine Forderung von Jesus. Wenn wir Vergebung für unseren Mist haben wollen, müssen wir auch lernen, den Leuten zu vergeben, die uns verletzt haben. Aber eins kann ich versprechen: Wer dazu in der Lage ist, wird wirklich frei.

Warum die Hinrichtung am Kreuz?

Jesus ist nicht an einem Kreuz gestorben, damit wir ein schönes Schmuckstück haben, das wir uns um den Hals hängen können. Das Kreuz ist ein Folterinstrument übelster Sorte. Es war hart für ihn, diesen Tod zu sterben. Ich habe schon von Leuten gehört, die glauben, Jesus wäre so eine Art Superguru gewesen, der so krass meditiert hat, dass er keine Schmerzen bei seiner Hinrichtung erleiden musste. Das ist großer Unsinn. Man kann in der Bibel lesen, wie heftig er gelitten hat, wie gigantisch groß seine Schmerzen gewesen sein müssen. Es gibt heute kein vergleichbares Hinrichtungsinstrument. Als ich die Volxbibel geschrieben habe, gab es lange die Überlegung, ob ich anstatt vom Kreuz nicht von einem elektrischen Stuhl schreiben sollte. Es wäre die passende Übertragung für das Kreuz gewesen. Aber ich habe mich dagegen entschieden, weil der Tod durch den elektrischen Stuhl ein Spaziergang ist im Gegensatz zum Tod am Kreuz. Die Kreuzigungsszene im Jesusfilm von Mel Gibson ist wirklich null übertrieben, so muss es gewesen sein. Sie haben Jesus auf einen Holzbalken gebunden. Dann wurde ein ca. 30 cm langer Holznagel genommen und an seinen Füßen angesetzt. Mit mehreren Schlägen durchtrieb der Nagel den Fußknochen. Dass dies eine blutige Angelegenheit war, muss man nicht extra sagen. Dann nahm man zwei Nägel, die oberhalb des Handgelenks angesetzt wurden. Mit mehreren Schlägen wurden so beide Hände an das Holzkreuz genagelt. Schließlich richtete man das Kreuz auf. Als Jesus dort hing, war er allein. Seine Freunde waren alle auf Distanz zu ihm gegangen. Und die Zuschauer hatten nichts Besseres zu tun, als ihn auch noch zu dissen. »Wenn du Gott bist, dann komm doch runter von deinem Kreuz!« Der Tod wurde dabei aber nicht durch die blutigen Wunden herbeigeführt, sondern dadurch, dass Jesus unter gigantischen Schmerzen langsam verdurstete.

Durch die Hinrichtung am Kreuz hat Jesus das Sündenproblem gelöst

Das Schlimmste, was Jesus an diesem Kreuz passiert ist, waren aber nicht die körperlichen Schmerzen, der Durst und auch nicht die Einsamkeit oder dass ihn seine engsten Freunde verlassen hatten. Das Heftigste war, dass kurz vor seinem Tod auch Gott nicht mehr bei ihm sein konnte. So etwas hatte er noch nie erlebt. Die Beziehung zu Gott als seinem Vater muss immer ganz eng und intim gewesen sein. Als er dort hing, hörte man ihn plötzlich, kurz vor seinem Tod, sagen: »Mein Gott, mein Gott, warum hast du mich verlassen? Warum bist du nicht mehr da?« Jesus wusste die Antwort selber, aber er wollte, dass die Menschen es auch hören. Gott war nicht mehr bei ihm, denn es war der Moment, in dem Jesus die Sünde der gesamten Menschheit für alle Zeiten auf dem Rücken hatte. Sünde und Gott gehen nicht zusammen, sie sind wie Feuer und Wasser. Das Heftige ist, dass Jesus genau in diesem Augenblick das Sündenproblem der gesamten Menschheit ein für alle Mal gelöst hat! Dieser Tod war nötig, damit die Schulden von allen Menschen gleichzeitig bezahlt wurden. Nur weil Jesus das getan hat, sind wir in der Lage, alles wieder loszuwerden, was uns von Gott trennt.

Jesus ist gestorben, damit wir mit Gott wieder eine enge Beziehung führen können. Durch seinen Tod ist es für uns so leicht geworden, den Dreck beseitigen zu lassen und immer wieder neu anzufangen.

Darum können wir anderen Leuten auch verzeihen

Es gab mal einen Typen, der mich total verletzt hatte. Ich hatte so einen Hass auf den, dass ich jedes Mal, wenn ich nur seinen Namen gehört hab, fast ausgerastet wäre. Er hatte in der Schule dic ganze Klasse gegen mich aufgehetzt, und es war sein Hobby, Martin in der großen Pause zu verprügeln. Über Jahre hatte ich täglich irgendwelche Fantasien, wie ich es ihm eines Tages einmal heimzahlen könnte. Schließlich wurde ich mit 17 Christ und fing an, mein Leben mit und durch Jesus neu zu gestalten. Ganz zu Anfang hat Jesus mir erst einmal klargemacht, was ich alles für Mist gebaut hatte in meinem Leben. Das war nicht unbedingt eine nette Zeit. Aber als mir dann bewusst wurde, dass Jesus alle meine vielen ätzenden Sünden vergibt, konnte ich plötzlich auch diesem Typen vergeben, der mich verletzt hatte. Auf die Art werden wir von Jesus dazu befähigt, jedem zu vergeben, der uns verletzt und kaputt gemacht hat. Wir brauchen nicht länger mit Hass gegen irgendwelche Leute rumzulaufen. Das ist eine riesengroße Befreiung.

Jesus hat das Sündenproblem dieser Welt für immer gelöst.

Gerüchte über Gott

Er ist ja das Ebenbild
des unsichtbaren Gottes.
Kolosserbrief, Kapitel 1, Vers 15

Lügen und Gerüchte sind ätzend

Es gab bei mir schon früher in meiner Szene eine Sache, die ich echt gehasst habe: Wenn Leute irgendwelche Lügen und Gerüchte über mich in die Welt setzen. Das Fiese an Gerüchten ist, dass durch sie in den Köpfen der Leute ein Bild von einem Menschen erzeugt wird, das gar nicht der Wahrheit entspricht. Wenn man sich dann mal auf irgendeiner Party trifft, ist sofort dieses Gerücht im Kopf, dieses falsche Bild von dem Menschen. Darum ist man voreingenommen und kann demjenigen gar nicht mehr neutral begegnen. Da war zum Beispiel so ein Junge in meiner Klasse, über den alle Mitschüler gelästert haben. Aus irgendwelchen Gründen wurde er zum Außenseiter, und die Schüler erzählten sich komische Sachen über ihn. Dieser Junge stank immer etwas nach Schweiß und hatte oft fettige Haare. »Bei denen zu Hause steht der Müll im Wohnzimmer, der hat keine Lust, sich zu waschen! Der ist total komisch!« Erst später hab ich erfahren, dass er eine Krankheit hatte. Durch die Fehlfunktion seiner Drüsen wurden die Haare sehr schnell fettig. Das war auch der Grund, warum er immer so ungepflegt aussah und schon nach einer Stunde nach Schweiß roch, egal, wie oft er sich wusch. Dazu kam, dass er aus sehr armen Verhältnissen stammte und sich damals kein teures Deo oder Parfüm leisten konnte. Er konnte also gar nichts daran ändern, aber durch die miesen Gerüchte, die man sich über ihn

erzählt hat, entstand eine große Distanz zwischen ihm und dem Rest unserer Klasse, die niemand überwinden konnte.
Komischerweise fällt es uns schwer, einmal nachzufragen, ob die Sachen eigentlich stimmen, die man sich erzählt. Wir sind sofort dabei, miese Gerüchte und Lügen zu glauben, weil es viel einfacher ist, als nach der Wahrheit zu forschen. Und manchmal hilft erst der Zufall, zum Beispiel auch bei diesem Jungen. Ich traf ihn dann während einer Party in der Küche, und wir haben uns lange unterhalten. Ich musste feststellen: »So doof ist der gar nicht! Der ist ja eigentlich ganz nett! Was die Leute mir erzählt haben, war wohl ziemlicher Schwachsinn!« Wir wurden gute Freunde.
Wenn ich mich mit Menschen über Jesus und Gott unterhalte, erlebe ich oft etwas Ähnliches. Es gibt seltsame Gerüchte über Gott und über das Leben mit Gott! Nicht nur in Deutschland, überall auf der Welt. Die Menschen glauben den größten Blödsinn darüber, wie Gott drauf ist und was er von ihnen will. Vermutlich war das schon immer so, solange es die Menschheit gibt.

Der Glaube an Gott wird durch Gerüchte verhindert

Fatal an der Sache ist, dass diese Gerüchte auch ganz oft der Grund sind, warum viele Menschen nicht an Jesus glauben und sich nicht auf Gott einlassen wollen. Irgendjemand hat ihnen komische Sachen über Gott erzählt, irgendwelche Lügen. Oft denke ich, wenn die Leute nur wüssten, wie irre gut es ist, mit Jesus zu leben, würden viel mehr Menschen in die Kirchen gehen und sich für Gott interessieren. Wenn es nur jemand mal erzählt und vorgelebt hätte, wie obergenial es ist, ein Christ zu sein, es gäbe viel mehr Jesusfans in Deutschland.

Was für ein Bild von Gott hast du im Kopf?

Vorausgesetzt, du glaubst, dass es Gott gibt, dann hast du auch eine Vorstellung von ihm in deinem Kopf. Es ist eine Vorstellung von seiner Art, wie er mit den Menschen umgeht. Dieses Bild ist auch durch Worte entstanden, die man dir über Gott erzählt hat, und es prägt deinen Glauben. Es prägt die Art und Weise, wie du betest, mit was für einer Einstellung du in den Gottesdienst gehst, wie und wann du damit rechnest, dass Gott in dein Leben eingreift. Wenn du zum Beispiel so ein Bild von Gott hast, dass er ganz weit entfernt in irgendeiner anderen Dimension auf einem Thron sitzt, dann prägt das deinen Glauben extrem. Es ist dann nämlich für dich schwer vorstellbar, dass Gott immer ganz nahe bei dir ist, egal, wie dreckig du dich gerade fühlst. Wenn du ein Bild von Gott hast, in dem er mit strengem und strafendem Blick vom Himmel auf dich runtersieht, dann traust du dich auch kaum, ihn um irgendwelche intimen Sachen zu bitten. Denn so ein Gott würde solche Gebete ja sowieso nicht erhören.

Denkst du nicht auch, dass es an der Zeit ist, dein Bild von Gott einmal zu hinterfragen? Sollten wir nicht ständig unsere Vorstellung von Gott mit dem Bild von Gott abgleichen, das uns in der Bibel begegnet?
Kommen wir noch mal zu der Bibelstelle zurück, die anfangs erwähnt wurde. Was für ein Bild beschreibt hier Paulus von Gott? Er sagt, dass Jesus das »... Eben*bild* des unsichtbaren Gottes ...« ist. Das bedeutet also, dass Jesus und Gott genau gleich sind. »Ebenbild« meint: Jesus sieht genauso aus wie Gott! Jesus ist genauso drauf wie Gott! Jesus und Gott sind gleich! Da wir davon ausgehen, dass die Bibel uns etwas über Gott zu sagen hat, bedeutet das doch: Wenn du wirklich wissen willst, wie Gott ist, dann musst du dir Jesus anschauen! Wenn du wissen willst, wie

Gott mit den Menschen umgeht, dann schau dir an, wie Jesus mit den Menschen umgegangen ist! Das ist eine total wichtige Aussage. Nur so können wir die miesen Gerüchte in unserem Hirn über Gott entdecken und ausräumen.

Miese Gerüchte über Gott gab es immer schon

Das Verrückte ist, dass sich viele dieser Gerüchte hartnäckig halten und sogar immer wieder bestätigt werden von Predigern, Pfarrern und Pastoren, die es ja eigentlich besser wissen müssten. Man kann das vielleicht noch für das Mittelalter entschuldigen, weil es dort keine Bibeln zu kaufen gab, die jeder verstehen konnte. Heute gibt es allerdings total viele leicht verständliche Bibeln (wie zum Beispiel die »Gute Nachricht« oder die »Hoffnung für alle« oder die »Volxbibel«), theologisch exakte Bibeln (wie die »Elberfelder Bibel«, die ökumenische »Einheitsübersetzung«, die »Luther-Bibel« oder die »Menge Bibel«), eigentlich für jeden Geschmack eine. Leider hat die Kirche besonders im Mittelalter, aber auch danach einiges an Mist gebaut und ein seltsames Bild von Gott geprägt. Aber dass es seltsame Gerüchte über Gott und das Leben mit ihm gibt, war eigentlich schon immer so, sogar zu Zeiten von Jesus.

Auch die Kirche hat oft ein falsches Bild von Gott geprägt

Immer wieder höre ich von Leuten, wenn ich mich mit ihnen über den Glauben und Jesus unterhalte: »Mag sein, dass es Gott gibt, aber ich glaube nicht an die Kirche.« Es scheint so zu sein, dass ausgerechnet die Kirche für viele

Menschen das größte Hindernis ist, sich auf Gott einzulassen. Was für eine Katastrophe! Die Stellvertreter Gottes auf Erden haben immer dann schlichtweg versagt, wenn sie der Welt ein Bild von Gott präsentierten, das total unattraktiv und ätzend ist. Ich kann ehrlich verstehen, warum viele Menschen mit diesem Gott nichts zu tun haben wollen. Denn wenn ich das glauben würde, was sie über Gott glauben, dann wollte ich auch kein Christ sein.

Jesus wusste von den Gerüchten über Gott

Jesus kannte die Menschen sehr gut, er wusste, was in ihren Köpfen vorgeht. Ich glaube sogar, dass er ihre Gedanken lesen konnte, dafür gibt es viele Hinweise in der Bibel. Im Grunde ist das auch nicht so schwer vorstellbar. Wer Tote wieder lebendig macht, kann auch unsere Gedanken verstehen, oder? Wenn ich mir die Reden von Jesus durchlese, stelle ich fest, dass er genau wusste, wie die Menschen ticken. Und Jesus wusste auch von den Lügen, die viele über Gott glauben. Es scheint fast so, als hätte er unter diesen Gerüchten richtig gelitten.

Ich glaube, dass viel von dem, was Jesus damals gepredigt hat, sehr heftig und emotional rübergekommen sein muss. Es war ihm ein totales Anliegen, diese Sachen zu sagen. Es ging ihm nahe, es war ihm superwichtig.

Ein Bild von Jesus: blutverschmiert und leidend

Viele haben, wenn sie sich Jesus bildlich vorstellen, so einen halbnackten Mann im Kopf, blutverschmiert, wie er mit leidvollem Gesicht an einem Kreuz hängt. Aber das ist nur ein kleiner Ausschnitt, ein ganz kurzer Moment in seinem Leben gewesen. Das wäre so, als würdest du deinen Freunden aus dem Internet ein paar Fotos zeigen, die man von dir gemacht hat, als du völlig kaputt und übermüdet mal morgens von einer Party nach Hause gekommen bist. Aber siehst du sonst nicht ganz anders aus? Jesus hat die meiste Zeit, als er auf der Erde lebte, eine gute Zeit gehabt. Er war mit seinen Freunden unterwegs, hat mit ihnen gegessen, sich mit ihnen unterhalten und auch mal gefeiert. Jesus hat viel mit Leuten gesprochen, er war oft unter Menschen und hat manchmal auch nur für ein paar Freunde gepredigt. Überall, wo Jesus war, haben ihm die Leute an den Lippen gehangen. Und Jesus hat heftige Wunder getan. Ein durchgeknallter Psycho, der auf einem Friedhof lebte, wurde durch ein Wort von ihm wieder normal und gesund. Eine Frau, die jeden Tag Blutungen hatte, wurde nur durch eine Berührung wieder gesund. Dazu mehr in einem späteren Kapitel.

Ganz konkret: Ein paar Lügen über Gott

Ich möchte im Folgenden mal ein paar Lügen über Gott ansprechen, die Menschen glauben. Diese Sachen hab ich in Gesprächen immer wieder gehört. Ich will versuchen, am Bild von Jesus deutlich zu machen, dass diese Aussagen und Gerüchte nicht stimmen können.

1. Gott findet es toll, wenn Menschen leiden

Immer wieder höre ich von Leuten, die tatsächlich glauben, Gott findet es gut, wenn Menschen Schmerzen haben und leiden. Ja, sogar noch krasser, Gott denkt sich ab und zu ein paar Maßnahmen aus, damit es den Menschen auch mal richtig dreckig geht. So, als wäre er ein Sadist, der hämisch lächelnd auf seinem Chefsessel im Himmel sitzt und sich die Hände reibt, wenn wir leiden. »Ha! Siehste! Hab ich es euch nicht gesagt! Das habt ihr nun davon! Geschieht euch nur recht!« Wer das glaubt, denkt auch, dass Gott die ganz schlimmen Sünder richtig krank werden lässt, damit sie leiden müssen, sozusagen als göttliche Erziehungsmaßnahme. Jesus hat aber gezeigt, dass genau das Gegenteil der Fall ist. In einer Geschichte will die religiöse Führungsriege der Juden, die Pharisäer, eine Frau hinrichten lassen, weil sie ihren Ehemann betrogen hat. So etwas wurde damals nämlich vom Gesetz mit der Todesstrafe geahndet. Aber Jesus wendet sich gegen diese Bestrafung, er will nicht, dass die Frau leiden muss. Er fragt die Ankläger, ob sie noch nie in ihrem Leben Mist gebaut haben. Als keiner antwortet, lässt er die Frau laufen und bestraft sie nicht. Jesus macht klar, dass Gott die Menschen sehr liebt und dass er sich nicht freut, wenn wir leiden. Es gibt keine Stelle in der Bibel, wo Jesus es gut findet, wenn es einem Menschen schlechtgeht.

2. Gott ist ein unnahbarer, superheiliger Typ, der meilenweit entfernt in einer anderen Dimension lebt

Das glauben wirklich viele Menschen. Gott ist ganz weit weg, er lebt irgendwo in einem parallelen Universum und ist auf Distanz zu uns gegangen. Um zu ihm zu kommen, muss man erst richtig was auffahren, sonst hört er einen nicht. Zum Beispiel musst du jahrelang meditieren oder andere Sachen machen, um ihm wenigstens ein bisschen näher zu kommen. Aber Jesus war genau das Gegenteil von distanziert. Er hat bei den Menschen gelebt, war in ihrer Nähe, war ein Freund, mit dem man über alles reden konnte. Die Bibel macht klar, dass Jesus von Gott in unsere dreckige Welt geschickt worden ist. Er ist nicht unnahbar, sondern er sehnt sich nach Nähe zu uns. Als Jesus nach seinem Tod wieder lebendig geworden war, hat er zu seinen Freunden gesagt: »Ich bin bei euch alle Tage bis ans Ende der Welt!«

3. Wenn man mit Gott lebt und ein Christ sein will, muss man erst mal sein Leben auf die Reihe kriegen und wenigstens ab und zu in die Kirche gehen

Leute, die das glauben, denken natürlich auch, dass Gott mit ihnen nichts anfangen kann. Denn: Wer kriegt schon sein ganzes Leben perfekt auf die Reihe? »Gott kann keine dreckigen Leute gebrauchen, die ständig Scheiße bauen und ihre Sachen nicht gebacken kriegen.« Genau das Gegenteil ist aber wahr. Es gibt niemanden, von dem Jesus gefordert hat, erst mal sein Leben auf die Reihe zu kriegen, bevor er mit ihm mitgehen durfte. Er hat nur gesagt: »Komm jetzt mit, lass alles hinter dir, und folge mir nach!« Die Veränderung ergab sich dann auf dem Weg, den man mit Jesus gegangen ist.

4. Gott bestraft die kleinen Sünden sofort, die großen etwas später

Ein Spruch, den man immer wieder hört: »Die kleinen Sünden bestraft der liebe Gott sofort, die großen später.« Auch wenn das in dem Augenblick mit einem Augenzwinkern gesagt wird, glauben das viele Leute doch. Wenn ich mir Jesus anschaue, dann kann dieses Gerücht eigentlich nicht stimmen. Die Sünden bestrafen die Sünder. Die allermeisten unserer Probleme kommen daher, dass wir nicht das tun, was Gott gut findet. Wir entfernen uns von ihm durch die Sünde und schädigen uns dabei selbst. Das Thema hatten wir schon in einem vorherigen Kapitel, es soll hier nur noch mal kurz erwähnt werden.

5. Wer Gott nahe sein will, muss sich langsam zu ihm hocharbeiten

Viele Leute denken, wer ein Christ ist, steckt in so einem Leistungssystem, in dem man sich so langsam zu Gott hocharbeiten muss. Dabei lehrt Jesus genau das Gegenteil. Wer das glaubt, denkt auch, dass das ganze Leben im Grunde wie so eine Art Test ist. Wir müssen uns alle zu Gott hochkämpfen, es ist wie eine ständige Prüfung, die man ablegen muss. Fast so wie bei einer Berufskarriere, wo man sich in der Firma ganz langsam nach oben schleimen muss. »Erst wenn ich es geschafft habe, für ein paar Wochen heilig zu leben, dann komme ich Gott ein paar Zentimeter näher und er liebt mich ein bisschen mehr als vorher.« Mit jedem guten Tag bin ich ihm einen Schritt näher, mit jeder Sünde aber wieder ein Stück weiter weg. Das ist absoluter Quatsch. Jesus liebt uns so, wie wir sind. Wir müssen nur zu ihm kommen, dann sind wir sofort in der Chefetage, direkt bei Gott. Es gibt viele Religionen, die so ein Bild von Gott haben, wo man sich durch viele gute Taten zu ihm langsam hocharbeiten muss. (Einige nennen das auch Karma.) Aber bei Jesus ist genau das Gegenteil der Fall: Gott kommt zu uns, er kommt uns entgegen. Noch mal zur Erinnerung: Als die Geburt von Jesus angekündigt wird, kommt ein Engel zu Maria und sagt: »Er soll Immanuel heißen!« Immanuel heißt richtig übersetzt: »Gott ist bei uns.« Es ist also genau das Gegenteil der Fall: Nicht wir müssen uns zu Gott hocharbeiten, sondern Gott kommt in Jesus zu uns, er kommt uns entgegen!

6. Gott ist die Spaßbremse in Person

Das Spaßverbot, das man in vielen Kirchen über Jahrtausende finden konnte, halte ich auch für ein ganz fieses Gerücht. Dieses Gerücht besagt, dass Gott eigentlich möchte, dass die Menschen alle ganz ernst sind, nie lächeln und

steif in der Kirchenbank sitzen. Wenn man sich das erste Wunder anschaut, was Jesus getan hat, wird schnell deutlich, dass das nicht stimmen kann. Man kann die Geschichte im Neuen Testament bei Johannes im zweiten Kapitel nachlesen. Auf einer Hochzeitsparty war der Wein ausgegangen. Jesus half dem Bräutigam aus der Patsche, indem er aus 600 Litern Wasser 600 Liter Wein machte. Für mich ist das ein Zeichen, dass Jesus auf Partys steht, man mit ihm Spaß haben kann und er Freude am Feiern hat. Und es wird ja nicht berichtet, dass er anschließend immer neben dem Weinfass stand, um zu kontrollieren, dass sich keiner besäuft. Nein, die Leute haben echt gefeiert, auch mit dem Wein, der durch sein Wunder aus dem Wasser geworden war.
Es gibt einen alten Jesusfilm, den ich mir immer mal wieder anschaue. Er hat als Grundlage das Buch von Matthäus aus der Bibel. Das Besondere an diesem Film ist nicht die Geschichte, sondern etwas ganz anderes: Jesus lacht ständig! Er läuft fast die ganze Zeit mit einem breiten Grinsen rum und lacht die Leute an. Das entspricht voll dem Bild, das ich von Jesus habe. Er hat bestimmt auch Witze gemacht, seine Freunde mal geknufft, die Kinder lachend umarmt. Ich bin mir ganz sicher, dass Gott den Humor erfunden hat und dass im Himmel unheimlich viel gelacht wird. In meinem Leben sind auch schon einige schräge Sachen passiert, wo ich irgendwie das Gefühl hatte, hier hat sich Gott mit mir einen Spaß erlaubt. Vermutlich sitzt er gerade im Himmel und lacht sich schlapp.

Gibt es den Teufel?

Ich persönlich glaube ja auch, dass diese Gerüchte und Lügen von einer anderen Macht bewusst gestreut werden. Ich meine damit eine Macht, die generell will, dass wir

Lügen glauben. Diese Macht nennt die Bibel den Satan. Das ist jetzt vielleicht für viele ganz schön verrückt und abgefahren, so etwas zu behaupten. »Was? Du glaubst an den Teufel? Wo lebst du denn bitte?« An irgendeinen Gott zu glauben, okay. Aber an den Teufel zu glauben, ist das nicht doch etwas zu durchgeknallt?

Erstaunlicherweise glauben alle großen Religionen, dass es diese dunkle Macht tatsächlich gibt. Ob Juden, Hindus oder Moslems, in diesem Punkt sind sich endlich alle mal einig. Woher kommt das? Vermutlich spiegelt es die Erfahrung von Menschen wider, die auf der Suche nach Gott sind. Sie versuchen das Übel in der Welt zu erklären und kommen zu dem Punkt, dass es nicht nur Gott, sondern auch eine Gegenmacht geben muss.

In der Bibel wird diese dunkle Seite der Macht auch konkret beschrieben. Teilweise kommen dort Bezeichnungen für den Teufel oder Satan vor, die seinen Charakter ganz gut umschreiben. »Verwirrer«, »Durcheinanderbringer«, »Versucher« sind ein paar davon. Ich finde auch sehr treffend, wenn man ihn »den Vater der Lüge« nennt, wie es die Bibel in Johannes 8, Vers 44 tut. Satan ist der Vater der Lüge, er hat die Lüge erfunden.

Wie verwirrt dieser »Verwirrer« denn jetzt die Menschen? Wie versucht er sie? Wie bringt er sie durcheinander? Was ist seine Taktik, wie geht er vor? Ich glaube, seine Haupttaktik ist, dass er gezielt Lügen über Gott verbreitet. Er sorgt dafür, dass irgendwelche miesen Gerüchte über Gott im Umlauf sind und manche Leute sich deswegen nicht auf ihn einlassen wollen.

Nach meiner Erfahrung ist kein Mensch davor gefeit, diesen Lügen zu glauben, auch nicht die Christen. Irgendwie stelle ich auch bei mir immer wieder fest, dass ich eine Lüge über Gott geglaubt habe. Darum ist es wichtig, sich mit Jesus zu beschäftigen und zu hören, was er über Gott sagt. Denn bei ihm erfahren wir, wie Gott wirklich ist.

Gott bekommt in Jesus ein Gesicht

Wenn Paulus schreibt, dass Jesus das Ebenbild des unsichtbaren Gottes ist, bedeutet das doch, dass Jesus genauso ist wie Gott. Jesus ist Gott, und Gott ist Jesus. Der unsichtbare Gott hat in Jesus ein Gesicht bekommen. Mit Ebenbild meint Paulus: Gott hat Jesus auf diese Welt geschickt, damit wir ihn mal live und in Farbe sehen und erleben können.
Wenn du also wissen willst, wie Gott ist, dann musst du dir Jesus anschauen! Wenn du dich fragst, wie Gott drauf ist, dann schau dir an, wie Jesus drauf war. Wenn du wissen willst, ob dein Bild von Gott richtig ist, dann musst du es mit dem Bild abgleichen, das du von Jesus in der Bibel findest.

Jesus kannte das Problem: Die Geschichte von den zwei Söhnen

Ich bin mir sicher, dass Jesus mit diesem Problem schon damals zu kämpfen hatte. Wenn ich mir anhöre, was er geredet hat (man kann das alles in der Bibel finden), spüre ich ihm das ab. Es würde dieses Buch sprengen, wenn man alle Predigten, die wir von Jesus kennen, hier einmal vor diesem Hintergrund besprechen würden. Aber eine Predigt will ich für dieses Kapitel einmal herausgreifen. Ein Mann mit dem Namen Lukas hat uns überliefert, wie Jesus eine besondere Geschichte erzählt.
Diese Story ist mittlerweile weltberühmt, fast jeder hat schon mal davon gehört, sie wurde in ungezählten Gottesdiensten vorgelesen. Luther hat ihr den Namen »Das Gleichnis vom verlorenen Sohn« gegeben, in der Volxbibel heißt sie »Die Geschichte von einem Vater mit zwei unterschiedlichen Söhnen«. Jesus greift darin selbst ein

paar Lügen über Gott auf, die die Menschen glauben, und widerlegt sie. Man kann diese Geschichte bei Lukas im 12. Kapitel ab Vers 11 nachlesen.
Er erzählt hier von einer Familie mit einem Vater, der zwei Söhne hatte. Der Vater hatte einen großen landwirtschaftlichen Betrieb, heute würde man vielleicht von einem mittelständischen Unternehmen reden. Damals war es so üblich, dass die Söhne irgendwann den Betrieb des Vaters erben und übernehmen, wenn der in Rente geht. Jesus erzählt, dass der jüngere Sohn irgendwann auf den Trichter kam, dass das Leben bei seinem Vater nicht so der Hit ist. Es war ihm wohl zu öde und langweilig, sich den ganzen Tag nur um landwirtschaftliche Aufgaben zu kümmern. Der Vater steht in diesem Gleichnis eindeutig für Gott, und mit den beiden Söhnen meint Jesus zwei verschiedene Typen von Menschen. Auf jeden Fall erzählt er, dass der jüngere Sohn irgendwann zum Vater kommt und sagt, dass er keinen Bock mehr hat, bei ihm zu leben, und dass er endlich in die Freiheit will, um tun und lassen zu können, was er möchte. Wie schon im vorherigen Kapitel erwähnt, nennt Jesus hier indirekt den Grund, warum es der Welt so schlechtgeht. Diese Welt wird von Menschen regiert, die vom Vater weggelaufen sind, weil sie glaubten, woanders wäre es besser als bei ihm.
Aber weiter in der Geschichte.
Für seinen Trip will er vom Vater vorzeitig die Hälfte von dem Geld ausbezahlt bekommen, das er ja sowieso mal erben würde, wenn der Vater tot ist. Schon allein das ist eine echt heftige Vorstellung, wenn man sich mal in die Lage vom Vater versetzt. Und genauso muss Gott sich fühlen, denn mit dem Vater meint Jesus ja ihn! Vielleicht ist das unvorstellbar, auch für viele Eltern, so was zu tun. Aber der Vater (Gott) lässt den Sohn (die Menschen) ziehen. Er will uns lieber die Freiheit lassen. Gott will keine Sklaven, er will Kinder! Er möchte keine Arbeitsbe-

ziehung, sondern eine Liebesbeziehung, wie ein Vater zu seinen Kindern!
Der Sohn packt also seine Klamotten und haut ab. Er lebt sich so richtig aus, Partys, Frauen, Alkohol. Aber irgendwann kriegt er mit, dass ihm diese Freiheit nichts bringt. Ganz im Gegenteil, er wird sogar mit der Zeit immer kaputter und immer unfreier. Schließlich ist sein Geld alle, und er muss einen ganz dreckigen Job annehmen, den letzten Job, den man sich nur wünschen kann. Er arbeitet bei den Schweinen; das ist wie ein Job als Toilettenmann. Er ist ganz unten, fertig, kaputt. Irgendwie braucht er wohl diese Katastrophe, um zu kapieren, dass es besser ist, wieder zu seinem Vater zurückzugehen. Vermutlich rechnet er damit, dass der jetzt sehr sauer ist und ihm erst mal eine reinhaut, wenn er zur Tür reinkommt. Wäre ja auch verständlich. Aber Jesus beschreibt Gott, den Vater, total anders! Der Vater läuft ihm entgegen und umarmt ihn sogar! Und dann feiert er noch die fetteste Party, die man sich nur vorstellen kann, und lässt dafür die besten Steaks auffahren, von dem besonderen Mastkalb. Sein zweiter Sohn ist nie ausgebrochen, er hat immer brav alles getan, was der Vater wollte. Damit sind in diesem Vergleich von Jesus wohl die Leute gemeint, die immer brav in der Kirche waren und nie ausgebrochen sind. In der Geschichte ist dieser brave Sohn natürlich beleidigt, weil sein Vater es richtig krachen lässt, obwohl dieser andere Sohn eigentlich eine Tracht Prügel verdient hätte. Aber der Vater redet mit ihm und macht klar: Beide sind für ihn genau gleich viel wert.
Jesus hat diese Geschichte erzählt, weil er ganz konkret ein paar Gerüchte ausräumen wollte, die Menschen über Gott und über das Leben mit Gott verbreiten. Ich will auf diese Gerüchte zusätzlich noch einmal eingehen. Vielleicht ist ja auch etwas dabei, was du geglaubt hast.
Aber was wollte Jesus den Leuten mit dieser Geschichte genau erklären? Was für Lügen wollte er hier ausräumen?

Das erste Gerücht: Mit Gott zu leben bedeutet, unfrei zu sein

Ich glaube, Jesus wollte hier klarmachen, dass es nicht stimmt, wenn Leute sagen: »Gott nimmt einem die Freiheit, mit ihm zu leben bedeutet, total unfrei zu sein.« Das ist ein übles Gerücht! Viele Menschen denken: Wenn man ein Christ wird, muss man erst mal tausend Regeln erfüllen und darf ganz viel nicht mehr machen. Man muss jeden Sonntag in die Kirche gehen, muss seine Steuern pünktlich bezahlen und muss der Oma über die Straße helfen. Aber wie beschreibt Jesus in dieser Geschichte Gott? Der Vater lässt den Sohn gehen, er hält ihn nicht fest, er zwingt ihn zu nichts, er ist frei! Und das ist mit jedem von uns so. Gott lässt uns frei, jeder kann sich dafür entscheiden, ob er beim Vater bleiben will oder lieber abhaut. Der Sohn haut ab, und damit fangen seine Probleme erst richtig an. Das bedeutet, dass die Probleme der Menschen erst anfingen, als sie Gott verließen. Wir sind frei, wir können uns frei entscheiden. Jeden Tag, jeden Minute. Ich glaube, dass Gott ein paar gute Prinzipien oder allgemeingültige Gesetze geschaffen hat. So auch das Prinzip der Liebe. Liebe ist so geschaffen worden, dass sie immer freiwillig ist. Man kann keine Liebe erzwingen. Was ist, wenn du deiner Freundin eine Knarre an den Kopf hältst und sagst: »Wenn du mich nicht liebst, dann knall ich dich ab«? Selbst wenn sie dir weinend beteuert, sie würde dich über alles lieben, es wäre keine echte Liebe.

Gott möchte von uns geliebt werden

Gott wünscht sich eigentlich nur eins von den Menschen: Er wünscht sich, dass wir ihn lieben! Jesus formuliert das eindeutig, als die religiösen Profis ihn einmal fragen, was das wichtigste Gesetz von allen ist. Man kann diese Geschichte in Lukas 10,25–28 nachlesen. Diese Typen haben damit nicht irgendein unwichtiges Thema angeschnitten. Das Gesetz der Juden war damals das Topthema, es war das Wichtigste vom Wichtigen. Sie wollten also das Wichtigste vom Wichtigsten wissen! Seine Antwort an dieser Stelle ist verblüffend. Er sagt: »Das wichtigste Gesetz ist: Liebe deinen Gott, von ganzem Herzen, mit deiner ganzen Seele, mit deinem ganzen Verstand!« Ist das nicht abgefahren? Gott möchte vor allem von uns geliebt werden! Gott sehnt sich nach der Liebe, die wir Menschen ihm geben. Diese Liebe zu Gott kann nur freiwillig gegeben werden. Gott hat die Menschen frei geschaffen, und ein Leben mit Gott bedeutet immer, frei zu sein.

Das zweite Gerücht: Du kannst nur mit Gott leben, nachdem du dein Leben auf die Reihe gekriegt hast

Ich habe ja viele Jahre in einer therapeutischen Einrichtung mit heroinabhängigen Jugendlichen gearbeitet. Einmal sagte dort ein Junge zu mir: »Wenn ich es für einen Monat schaffe, keinen Rückfall zu bauen, dann traue ich mich wieder in die Kirche!« Vielleicht ist diese Situation zu krass. Aber oft haben wir doch das Gefühl, man könnte erst zu Gott kommen, wenn man sein Leben einigermaßen auf der Kette hat. Doch wie beschreibt Jesus die Sache hier? Alles, was der Sohn tun musste, war, seine Richtung zu verändern. Er musste umkehren von einem Leben von Gott weg zu einem Leben auf Gott hin! Das genau meint das Wort »Buße«. Wenn du wieder mit Gott leben willst, dann musst du nur deinem Leben eine neue Richtung geben: von Gott weg zu Gott hin! Er musste weg von den Schweinen, weg von dem miesen Job als Toilettenmann, und sich wieder auf den Weg nach Hause machen. In dieser Geschichte passiert ja genau das: Der Sohn beschließt, sein Leben zu ändern, und geht zurück zum Vater. Und der Vater läuft seinem Sohn sofort entgegen, als er ihn zurückkommen sieht! So ist es auch mit uns. Wenn wir uns nur umdrehen und beschließen, unser Leben wieder in die Richtung Gottes zu leben, dann kommt er uns mit großen Schritten entgegen. Selbst wenn wir dann noch stinken, weil wir so lange bei den Schweinen gelebt oder bei den Klos gearbeitet haben, er nimmt uns in den Arm und freut sich, weil wir zu ihm zurückgekommen sind.

Das dritte Gerücht: Mit Gott kann man nicht feiern

Das Dritte, was Jesus hier deutlich macht, ist Folgendes: Mit Gott kann man richtig krass feiern! Ich finde, man kann das nicht genug betonen. Was macht der Vater hier? Er lässt das Mastkalb schlachten! Dieses Kalb wurde nur bei einem ganz besonderen Anlass geschlachtet und auf den Grill geschmissen, wenn es etwas ganz Krasses zu feiern gab. Es handelt sich hier also um eine riesengroße Party, die der Vater veranstaltet! Ich bin mir sicher, dass Jesus damit auch einen Hinweis geben wollte. Mit Gott kann man richtig heftige Partys feiern! Manchmal frage ich mich: Warum können die Nichtchristen anscheinend besser feiern als die Christen? Eigentlich müsste es doch umgekehrt sein! Christen sind frei, sie müssen sich nicht mehr auf Partys abmühen, besonders cool und locker zu wirken. Wenn Partys richtig abrocken sollen, dann müssten das doch eigentlich die Partys der Christen sein! Darf auf diesen Partys auch Alkohol getrunken werden? Natürlich! Denkt noch mal an die Sache von der Hochzeitsparty, die ich oben beschrieben hab. Darum wurde Jesus ja auch später von den religiösen Profis als »Weinsäufer« beschimpft. Ich will damit nicht sagen, dass Gott es toll findet, wenn man sich ständig besäuft. Das glaube ich nicht und kann ich auch so nicht in der Bibel finden. Aber ich will damit deutlich machen, dass Gott garantiert nichts gegen Feiern hat.

Das vierte Gerücht: Gott übersieht die Braven

Ich habe schon oft gehört: »Martin, ich habe nie Drogen genommen, ich bin christlich aufgewachsen, ich war mein Leben lang in der Kirche. Ich würde so gern auch eine Drogengeschichte haben wie du! Wäre es nicht gut, wenn ich auch mal vom Vater abgehauen wäre?« Ich glaube, Jesus will diesen Leuten etwas sagen durch die Beschreibung, wie der Vater mit dem zweiten Sohn umgeht. Er meint damit: »Gott freut sich über dich! Er ist stolz auf dich, dass du immer da warst! Er findet es genial, dass du nie abgehauen bist! Er ist total froh, dass du nie bei den Schweinen gelebt hast!« Mit dem Ende dieser Geschichte wertet er diese Leute total auf. Er sagt ihnen: »Du bist genauso viel wert wie der andere Sohn! Hundert Prozent von dem, was er bekommt, bekommst du auch!«

Überdenke dein Bild von Gott

Ich kann dich nur noch mal ermutigen, dein Bild von Gott mit dem Bild von Jesus zu vergleichen, das uns in der Bibel beschrieben wird. Das ist total wichtig! Dein Bild von Gott prägt deinen Glauben wie nichts anderes.

Gott hat in Jesus ein Gesicht bekommen. Er war als Mensch auf diesem Planeten, um uns zu zeigen, wie Gott wirklich drauf ist. Jesus hat uns gezeigt, wie man mit Gott leben kann. Und er wollte mit den Gerüchten und Lügen über Gott aufräumen, die viele Menschen glauben.

Du bist kein Zufall

**Denn in ihm ist alles geschaffen worden,
was im Himmel und auf der Erde ist, das Sichtbare
wie das Unsichtbare, mögen es Throne oder
Herrschaften, Mächte oder Gewalten sein:
Alles ist durch ihn und für ihn geschaffen worden.**

KOLOSSERBRIEF, KAPITEL 1, VERS 16

Egodroge Kokain

Neulich kam eine interessante Meldung über die Nachrichten rein. Im Hamburger Hafen wurde eine gigantische Menge der Droge Kokain sichergestellt. Man sprach von 1,3 Tonnen mit einem Straßenwert von mindestens 40 Millionen Euro. Das war der absolute Rekord in Deutschland! Aber schon einige Monate vorher, im Mai desselben Jahres, gab es eine Studie des »Nürnberger Instituts für Biomedizinische und Pharmazeutische Forschung (IBMP)«. Diese Studie sorgte für große Schlagzeilen in allen Medien. Und zwar wurde über einen längeren Zeitraum das Abwasser untersucht, welches über die Toilettenspülung der Haushalte täglich in den Rhein abgelassen wird. Man muss dazu wissen, dass Kokain eine chemische Substanz ist, die nicht so schnell biologisch abgebaut werden kann wie beispielsweise Alkohol. Das bedeutet, dass Kokain sich bei Tests sehr lange nachweisen lässt. Die Forscher untersuchten also die Abwässer, die von allen Bewohnern des Rhein-Main-Gebietes täglich in den Fluss geleitet werden, nach Kokainresten. Das Ergebnis überraschte alle: Hochgerechnet werden in diesem Gebiet jeden Tag 30 Kilo Kokain konsumiert! Das ergibt eine Summe von sage und schreibe 1,6 Milliarden Euro im

Jahr, die für diese Droge aufgebracht wird. Selbst die Presse war derart sprachlos, dass ich trotz längerer Suche keinen guten Artikel finden konnte, der ansatzweise eine Erklärung für diese Mengen liefern konnte.

Warum sind in unserer Gesellschaft so viele Leute bereit, derartige Summen für Kokain auszugeben? Ich vermute, dass Psychologen, Pädagogen und auch die Mediziner diese Frage ganz unterschiedlich beantworten würden.

Da ich selbst ein Fachmann in Sachen Drogen bin, hab ich mir auch meine Gedanken dazu gemacht. Ich bin insofern ein Fachmann, als ich eine Ausbildung als Drogen- und Suchttherapeut gemacht habe und viele Jahre in dem Beruf arbeiten konnte. Zusätzlich saß ich aber auch eine Zeitlang auf der anderen Seite des Tisches, habe eine eigene Drogenkarriere hinter mir und kenne die Szene also auch von dieser Warte ganz gut. Die Leiterin des Institutes, bei dem ich meine therapeutische Ausbildung gemacht habe, sagte immer zu uns: »Die erfolgreichsten Therapeuten im Suchtbereich sind die Leute, die selbst eine eigene Suchtkarriere hinter sich haben.« Wer kennt das Problem Sucht besser als der Süchtige selbst?

So gesehen komme ich also als »Experte« zu meiner Antwort.

Man muss dazu wissen, dass Kokain unter Fachleuten auch als »Egodroge« bezeichnet wird. Mit »Ego« ist hier das Selbstwertgefühl der Menschen gemeint. Der Rausch von Kokain bewirkt, dass das eigene Ego durch den Stoff »chemisch« gestärkt wird. Koks sorgt dafür, dass man sich einfach sicherer und besser fühlt, als das normal der Fall ist. Solange man die Droge im Körper hat, schafft sie ein künstliches Selbstbewusstsein. Das deckt sich auch mit der Erfahrung aus der Suchtarbeit. Leute, die Kokain konsumieren, haben fast alle ein krankhaftes Problem mit ihrem Selbstwertgefühl. Sie mögen das von sich aus natürlich nicht zugeben, aber genau das ist ja Teil der Krankheit. Wenn du auf Koks bist, fühlst du dich besser, selbstsicherer, cooler und sogar schöner als sonst. Und das, obwohl es ja nur Chemie ist, weiter nichts. Ist der Rausch weg, fällt man in ein tiefes Loch, man fühlt sich sogar noch schlechter als vorher. Also ist der Drang, möglichst bald wieder die Droge zu nehmen, enorm hoch. So kommt es zu einem nicht mehr kontrollierbaren Suchtverhalten.

Kampf um Anerkennung und Liebe

Ich glaube, dass es sich hierbei um eine heftige Nebenwirkung vom Leben in der Leistungsgesellschaft handelt. Denn diese Gesellschaft trimmt alle Menschen geradezu in die Richtung, besser scheinen zu wollen, als man wirklich ist. Wir hören und erleben überall, dass wir eigentlich nichts wert sind, wenn wir nichts leisten, dass wir es nicht bringen, wenn wir keinen Erfolg haben. »Du bist nicht schön genug, nicht sexy genug, nicht schlank genug, nicht muskulös genug, nicht erfolgreich genug, nicht sportlich, nicht schlau, nicht musikalisch genug, nicht reich genug, nicht cool genug«, und so weiter und so weiter. So befindet sich der Mensch wie ein Hamster den ganzen Tag in einem Laufrad, wo er versucht, mit aller Kraft nach oben zu kommen, ohne Aussicht auf Erfolg. Ich finde es fast schon krankhaft, wie wir uns ständig mit anderen vergleichen müssen und uns minderwertig fühlen, weil es immer jemanden gibt, der besser ist als wir. Das fängt beim Klamottenkaufen an und hört im Fitnesscenter auf. »Wie seh ich aus?« – »Bin ich besser als die anderen?«
Auch der Druck im Berufsleben nimmt immer mehr zu. Gerade in den Kreativberufen wie Medien-Design, Grafik- und Werbe-Design wird wie verrückt Kokain kon-

sumiert. Die Leute müssen ja auf Knopfdruck eine kreative Leistung abliefern. Wenn sie das nicht schaffen, fliegen sie irgendwann raus. Kein Wunder, dass so etwas extrem auf das Selbstwertgefühl schlägt: Du bist nur etwas wert, wenn du ein gutes, kreatives Produkt abgeliefert hast.

Aber auch in anderen Berufen, in denen die Mitarbeiter unter extremem Druck stehen, wird heute viel gekokst. Ich hörte neulich von einem Börsenmakler, dass die Toiletten an der Börse an manchen Tagen so voll weißem Staub sind, dass man nur von den Resten auf dem Klodeckel high werden könnte.

Übrigens berichtete man Ähnliches auch von den Toiletten im Deutschen Bundestag in Berlin. Im Jahr 2000 schrieb der *Spiegel*, dass auf 22 Toiletten des Parlamentsgebäudes Kokainreste gefunden wurden. Die Staatsanwaltschaft ermittelte.

Was bestimmt darüber, wie wertvoll du bist?

Die Frage ist doch: Was bestimmt darüber, wie wertvoll du bist? Woran machen wir eigentlich unseren Wert fest? Am Aussehen? An den Klamotten? Am coolsten Handy? Am Geld im Portemonnaie? Am Schulabschluss? An der Familie? Am Job und der Karriere? Am End-Reihenhaus mit Garten? Am sportlichen Auto? Am iPhone? Oder machen wir unseren Wert an etwas fest, was sich nicht beeinflussen lässt, was feststeht ein für alle Mal, was sich nicht so schnell verändert, nämlich an Jesus?

Konkurrenz und Kampf auch in der Szene

Diesen Kampf um Anerkennung, Liebe und Wert gibt es überall, auch in den sogenannten alternativen Szenen. Dort glaubt man zwar, diesem Kampf durch einen alternativen Lebensstil entflohen zu sein. Aber wenn die Leute dort ganz ehrlich sind, gibt es auch in der Aussteigerszene eine harte Konkurrenz. Dann geht es vielleicht nicht mehr um die schönsten Klamotten oder das dickste Auto. Es geht mehr darum, wer alternativer lebt, sich am besten ökoernährt oder sogar, wer am fertigsten aussieht. Ich bin als Jugendlicher viele Jahre in einer Punkvorstadtszene gewesen. Wir waren auf den Konzerten von »Abwärts«, »Slime«, »Nine Nine Nine« und »UK Subs«, haben zu Musik von Sid Vicous und den »Sex Pistols« Pogo getanzt. Aber ich weiß noch, wie mir einmal auffiel, dass es sogar in der alternativen Punkszene einen Dresscode gibt. Wer sah am kaputtesten aus? Wer hatte die meisten Löcher in der Lederjacke? Wer hatte tiefere Ringe unter den Augen? Wer hatte mehr Piercings im Gesicht und das krassere Tattoo? Das war dann oft der Held der Clique, und er zog sein Selbstwertgefühl aus dem Respekt, den ihm die anderen deswegen zollten. Es ging eben auch hier um den Kampf um Anerkennung und Liebe. Also gibt es dieses Problem auch bei denen, die versuchen, aus dem System auszusteigen.

Mangelndes Selbstwertgefühl

Mangelndes Selbstwertgefühl ist übrigens in therapeutischen Einrichtungen überall in Deutschland ein großes Thema, auch dort, wo es sich nicht nur um Sucht dreht. Nach meiner Erfahrung ist es sogar das größte Therapie-Thema überhaupt. Die Psychologen haben alle Hände voll zu tun, Menschen zu vermitteln, dass sie von sich aus einen Wert haben. Viele Leute heute finden sich selbst so scheiße, dass sie diesen Kampf gar nicht mehr aufnehmen wollen und sich darum am liebsten das Leben nehmen würden.

Evolutionstheorie und ihre Folgen für das Selbstbewusstsein

Ich denke, neben dem krassen Leistungssystem, in dem wir alle drinstecken, gibt es noch mehr Ursachen dafür, warum sich Menschen heute wertlos fühlen. Eine Ursache liegt für mich in einer Theorie begründet, die mittlerweile das Denken aller Menschen durchzieht. Wir saugen sie sozusagen schon mit der Muttermilch auf. Ich rede von der Evolutionstheorie. Achtung, jetzt betreten wir ein Minenfeld! Mir ist schon klar, dass man heute diese Theorie nicht mehr öffentlich anzweifeln darf. Wer das macht, gilt als »Wissenschaftsbanause« oder, noch schlimmer, als »Neofundamentalist«. Ich sage hier also nichts gegen die Evolutionstheorie. Aber ich möchte trotzdem einmal die Folgen dieser Theorie nur von der »Selbstwert-Seite« aus beleuchten. Diese Theorie hat uns ja beigebracht, dass wir alle eigentlich aus einer Zusammenhäufung von gigantischen Zufällen entstanden sind. Ich vermute, dass sich viele darüber noch gar keine Gedanken gemacht haben, obwohl diese Theorie unser Denken ganz krass beeinflusst hat.
Die Evolutionstheorie kam durch Charles Darwin in die Welt. Darwin hatte festgestellt, dass es Ähnlichkeiten zwischen einzelnen Arten gibt, und kam in seinen Untersuchungen zu dem Schluss, dass diese einzelnen Arten voneinander abstammen müssten. Ich glaube, er hatte mit dieser Vermutung recht. Trotzdem höre ich immer wie-

der von Leuten, die Evolutionstheorie hätte bewiesen, dass es Gott nicht gibt. Dabei ist eigentlich eher das Gegenteil der Fall. Übrigens hat Darwin das auch nie behauptet.

Ich will einmal versuchen, in wenigen Sätzen zusammenzufassen, was die Evolutionstheorie den Menschen in Sachen Selbstwertgefühl indirekt beigebracht hat und was ich im Detail davon halte. Ach, und ich bitte den ironischen Unterton in meiner Beschreibung zu entschuldigen. Es geht mir hier erst mal nur um den Anfang, also darum, wie das erste Leben überhaupt entstanden ist. Die Evolutionisten glauben, dass der große Bruder Zufall dafür gesorgt hat, dass sich vor megavielen, sagen wir mal Millionen, nein Milliarden – oder besser doch Billionen von Jahren ein paar Stoffe irgendwann einmal ab sofort zu einer Zelle zusammenfinden wollten. Denn es muss ja auch für den Hardcore-Evolutionisten irgendwann einmal die erste Zelle gegeben haben, aus der dann das weitere Leben entstanden ist, das ist ja wohl logisch.

Wie ist das also möglich? Na ja, man sagt also, in der sogenannten »Ursuppe« schwammen vor diesen Billionen von Jahren als leckere Beilagen einige Aminosäuren und diverses andere Kleinzeug rum. Irgendwie soll es dann – es wird vermutet, durch ganz viele Blitze und durch ungefilterte Sonnenstrahlen begünstigt – ein paar von diesen Ursuppenbeilagen gegeben haben, die sich ganz plötzlich, schwups, zu einer Zelle formierten. Und aus dieser Zelle ist dann das ganze weitere Leben entstanden. Zuerst die Einzeller, dann die Mehrzeller, bis hin zu den »Billionenzellern«, den Menschen. Ohne diese erste Zelle konnte es keine Evolution geben. Davon gehen alle Wissenschaftler heute aus.

Polykondensation und die Unwahrscheinlichkeit der ersten Zelle

Ich habe mal eine Untersuchung von einem Biochemiker gelesen, der sich mit Polykondensation beschäftigt hat. Was ist das? Eine Polykondensation bezeichnet chemische Reaktionen, die dazu führen, dass – sagen wir mal – aus einem einzelnen, einem »Mono«-Teil ein mehrfaches, ein »Poly«-Teil entsteht. Solche Biochemiker haben übrigens auch den Klebstoff erfunden, bei dem es ja auch darum geht, dass sich Stoffe miteinander verbinden. Dieser Typ hat sich also mal hingesetzt und versucht, die mathematische Wahrscheinlichkeit auszurechnen, dass diese erste Zelle entstanden sein könnte. Also nicht mit Bibel und Gebet oder irgendwelchen anderen »Hokuspokusmethoden«, nein, mit purer, gottloser Mathematik. Man kann ja berechnen, was in dieser Zelle alles drin und dran gewesen sein musste, damit durch sie das Leben hätte entstehen können. Damit diese erste Zelle überhaupt funktionierte, musste sie ja schon in der Lage gewesen sein, sich auch selbst weiter zu vermehren. Sonst hätte das Leben auch im Sinne der Evolutionstheorie nicht entstehen können. Wenn man weiter logisch denkt, muss es diese erste Zelle geschafft haben, ihr Erbmaterial an ihre »Kinderzellen« weiterzugeben, sonst würde die ganze Theorie nicht funktionieren. Jeder, der schon mal ein wenig mit Computerprogrammen rumexperimentiert hat, muss spätestens jetzt die Stirn runzeln. Es ist für ein intelligentes Wesen wie den Menschen bis heute nicht möglich, auch nur annähernd so etwas zu programmieren. Aber das soll jetzt ganz von allein entstanden sein?

Ich habe einmal gelesen, dass schon einige wirklich gute Wissenschaftler in einem hochtechnisierten Labor versucht haben, nur eine kleine Zelle künstlich herzustellen. Aber sie sind bis heute alle kläglich gescheitert. Es ist nicht möglich, so etwas zusammenzubasteln, obwohl man in einem Labor, mit ganz viel Intelligenz und Wissen daran gearbeitet hat. Und jetzt soll das Ganze durch ganz viel Zufall, in Kombination mit einer Entstehungszeit von unheimlich vielen Jahren, plötzlich aus dem Nichts entstanden sein? Die Untersuchung von diesem Wissenschaftler hat ergeben: Die Wahrscheinlichkeit, dass diese erste Zelle entstand, ist mathematisch nur so groß wie die Zahl Eins zu Zehnhocheinemillionzweihunderttausend. Das ist eine Eins mit 1 200 000 Nullen! Diese Zahl ist einfach unvorstellbar groß. Man könnte auch sagen: Es ist unmöglich. Die Evolutionstheorie versagt also schon beim allerersten Schritt, nämlich bei der Erklärung, wie die erste lebende Zelle entstanden ist. Für mich ist klar: Es erscheint viel wahrscheinlicher, dass ein Gott das Leben hat entstehen lassen. Sogar aus wissenschaftlichen Gesichtspunkten ergibt es viel mehr Sinn, das zu glauben.

Was mich aber an der Evolutionstheorie am meisten nervt, ist Folgendes. Ich höre immer wieder, wenn ich mich mit Leuten über Jesus unterhalte: »Die Evolutionstheorie hat doch bewiesen, dass es Gott nicht gibt!« Wer so was sagt, hat sich nicht wirklich mit der Evolutionstheorie beschäftigt. Es ist eine Theorie, die viele interessante Anhaltspunkte zu der Frage geliefert hat, wie sich die Arten weiterentwickelt haben. Aber sie hat nicht bewiesen, wie das Leben entstanden ist, und sie hat vor allem nicht bewiesen, dass es Gott nicht gibt. Ganz im Gegenteil: Je intensiver man sich mit der Entstehung der Welt beschäftigt, desto mehr kommt man zu dem Schluss, dass es einen Gott geben muss. Und das bedeutet auch, dass kein einziger Mensch das Produkt von ganz vielen Zufällen sein kann.

Du bist kein Zufall!

Niemand ist aus Versehen und ganz ohne Grund entstanden. Ich glaube nicht, dass deine Familie durch ganz viele Zufälle entstanden ist. Und ich glaube auch nicht, dass du durch ganz viele Zufälle entstanden bist! Vielleicht haben dir deine Eltern erzählt, dass du ein »Ausrutscher« warst. Vielleicht hatten sie aus Versehen vergessen zu verhüten, und vielleicht warst du wirklich nicht »geplant«. Aber Gott hat dich geplant, er hat dich gewollt! Du bist genauso wenig ein Zufall, wie diese ganze Welt ein Zufall ist. Die Bibelstelle aus dem Kolosserbrief sagt ja, dass »alles durch ihn … geschaffen« wurde, und zwar alles, »was im Himmel und auf Erden ist«. Wie gesagt: Wenn die Bibel das Wort »alles« benutzt, dann meint sie nicht, dass es dort irgendwelche Ausnahmen geben kann. »Alles« meint »alles«. Damit ist auch Uwe aus Hinterschlonzenbach und Gerda aus Kleintupfingen gemeint. Ist das nicht eine grandiose Nachricht? Jesus wollte, dass du lebst! Er hat dich erschaffen! Deine Eltern haben dich gezeugt, aber er hat dich gemacht! Und Gott passieren keine Unfälle. So, wie du bist, hat Gott dich entstehen und wachsen lassen, und er fand, das war eine supergeniale Idee! Jesus wollte, dass du lebst! Du bist kein Zufall!

Jesus hat dich gewollt, und er hat eine Aufgabe für dich

Wenn wir nur diese eine Wahrheit glauben würden, bräuchten wir uns um unser Selbstwertgefühl weniger Sorgen zu machen. Denn wenn Jesus dich gewollt hat, dann hat er dich gut gemacht, so, wie du bist.

Jesus war dabei, als du geboren wurdest, und bei deiner Geburt gab es im Himmel erst mal eine Riesenparty! Du

bist nicht aus Versehen entstanden, denn auch du bist von Gott gemacht worden. Nur Gott kann neues Leben schaffen, Menschen können das nicht. Jede Geburt ist ein Wunder Gottes!
Wenn wir das alle wirklich kapieren würden, gäbe es bald viele arbeitslose Kokain-Dealer in Deutschland. Keiner hätte die Egodroge mehr nötig, weil sich jeder geliebt fühlte und nicht länger um Liebe und Anerkennung kämpfen müsste. »Gott hat dich gemacht, und er hat dich gut gemacht. Du bist okay so, wie du bist!« Auch Christen müssen sich das immer wieder sagen.

Jesus kann dir einen Sinn im Leben geben

Das Zweite, was hier steht, ist genauso wichtig: Gott hat deinem Leben auch einen Sinn gegeben, indem du mit Jesus und für Jesus leben sollst! Dort steht ja nicht nur, dass wir »durch ihn«, sondern auch »für ihn« gemacht worden sind! Verstehst du? Das muss automatisch bedeuten, dass Jesus für jeden Menschen eine Aufgabe hat. Keiner ist dazu da, nur so vor sich hin zu wurschteln, ohne Sinn und Ziel. Jesus hat was vor mit dir! Er hat einen Auftrag nur für dich. Er will dich glücklich machen! Er will dich gebrauchen!« Du bist für ihn gemacht worden!
Kennst du dieses Gefühl: jeden Tag derselbe Scheiß, Leben ohne ein Ziel, ohne eine Bedeutung? Du gehst jeden Morgen zur Schule und weißt nicht, warum? Jeden Tag bist du auf der Arbeit, aber hast keine Ahnung, was das Ganze überhaupt soll? Hey, du hast vielleicht keinen Plan, aber Jesus hat einen Plan für dich und dein Leben! Du bist durch ihn und für ihn geschaffen worden.
Mich hat dieser Gedanke immer extrem geflashed. Am Anfang meines Lebens als Christ dachte ich nur, Gott kann alle möglichen Leute gebrauchen, aber so einen

Loser wie mich nicht. So ein bekannter Prediger wie Billy Graham, ja, der ist ein Werkzeug, mit dem Gott etwas anstellen kann. Aber nicht mit so einer Nullnummer, wie ich es bin! Schon in der Schule war ich immer eher ein Außenseiter. In meiner Klasse war so ein bulliger Typ, der Karsten hieß. Karstens Hobby war es, Leute in der großen Pause zu verprügeln, und ich war ständig auf seiner Liste.

Das hat sich erst radikal geändert, als ich Christ geworden bin. Plötzlich war Jesus in meinem Leben, und mir wurde klar, dass Gott mich tatsächlich gewollt hat. Ich war kein Zufall, sondern Jesus hatte einen Plan mit mir! Gott hatte mich gemacht, also konnte ich aufrecht in der Schule herumlaufen. Als ich dann auf dem Gymnasium Hummelsbüttel 1985 mein Abi gemacht habe, war ich viel selbstbewusster als vorher, und das haben alle gemerkt. Vor der großen Abifeier kam es zu einer Abstimmung, wer die Abirede bei unserer Abschlussfeier halten sollte. Und obwohl so begabte Redner wie Jörg Pilawa mit zur Wahl aufgestellt worden waren, bekam ich die meisten Stimmen. Jörg war damals in meiner Stufe. So etwas kann nur Jesus machen.

Also, wenn du auch so eine Lüge in deinem Leben glaubst, kann ich dich nur auffordern, diese Lüge ganz schnell abzulegen. Denn das ist nicht wahr! »Alles ist durch ihn und für ihn geschaffen«, steht dort. Du bist für Jesus gemacht worden! Gott hat jedem Menschen Begabungen mitgegeben. Die musst du nur herausfinden und einsetzen. Es gibt für mich nichts Schöneres als dieses Gefühl, zu wissen, dass man der richtige Mann am richtigen Ort zum richtigen Zeitpunkt ist. Nimm dir die Zeit und versuche herauszufinden, wofür Jesus dich will. Nachdem mein Studium fertig war, bin ich für eine Woche in ein Kloster gefahren. Dort wollte ich von Jesus eine Ansage bekommen, was er mit mir jetzt vorhat. »Jesus, wenn ich für dich geschaffen worden bin, dann möchte ich wissen, was ich in den nächsten Jahren machen soll!«, hab ich ihm gesagt. Es hat eine Zeit gedauert, aber dann hat er es mir gezeigt. Auf einem langen Spaziergang im Wald ging er plötzlich neben mir und hat in meinen Gedanken zu mir gesprochen. Mir wurde bewusst, was Jesus in meinem Leben im Rückblick schon alles getan hatte, und ich konnte aus seinem Handeln erkennen, in welche Richtung mein Weg weitergehen sollte. Dann spürte ich, wie er mir ganz konkret ein paar Sachen zeigte, um mich zu ermutigen und mir meinen Weg zu weisen. Das scheint jetzt für einige etwas psycho zu klingen. »Hört der jetzt Stimmen oder wie?« Es ist nicht so, wie du vielleicht denkst. Ich kann dir nur empfehlen, es mal auszuprobieren. Jesus hat einmal etwas gesagt, und das kann man auch in der Bibel nachlesen. Und zwar meinte er: »Meine Schafe hören meine Stimme« (steht in Johannes 10,27). Damit meinte er, dass jeder Mensch, der in seiner Herde ist, der also mit ihm lebt, auch in der Lage ist, seine Stimme zu hören. Millionen Christen erleben das immer wieder. Gott redet dabei nicht so, dass man es auf einem Rekorder aufnehmen könnte. Aber er redet, er führt einen, das steht fest.

Steig aus: Jesus liebt dich wirklich!

Diesen Kampf um Anerkennung und Liebe, den ich anfangs beschrieben habe, braucht eigentlich keiner mehr zu kämpfen, wenn er sich auf Jesus eingelassen hat und anfängt, ihm zu vertrauen. Dein Ego braucht keine Egodroge mehr, wenn du kapierst, dass Gott dich wirklich so liebt, wie du bist. Das sagen uns übrigens auch die Geschichten, die wir in der Bibel finden. Diese Ansage hast du sicher schon von anderen Leuten gehört. Ich befürchte

aber, dass du denen das nicht wirklich abnehmen konntest. Trotzdem stimmt es: »Jesus liebt dich!« In seinem Buch in der Bibel schreibt Johannes: »Denn also hat Gott die Welt geliebt, dass er seinen eingeborenen Sohn gab, damit alle, die an ihn glauben, nicht verloren werden, sondern das ewige Leben haben.« (3,16) In der Volxbibel ist das so übersetzt: »Gott liebte die Menschen ohne Ende, dass er sogar bereit war, seinen einzigen Sohn für sie wegzugeben, damit sie nicht vor die Hunde gehen.« Was bedeutet das? Gott hat die Menschen immer schon geliebt! Es gibt viele Stellen in der Bibel, die zeigen, dass Gott mit den Menschen so umgegangen ist wie ein Vater mit seinen Kindern. Und normalerweise liebt ein Vater seine Kinder ohne Ende! Gott wollte seine Kinder erziehen, um ihnen Leid zu ersparen. Er warnt die Menschen immer wieder, weil er sie vor Fehlern beschützen will. Aber seine Liebe steht fest, von Anfang an bis heute. Ich frage mich, warum die christliche Kirche nicht für diese Botschaft bekannt ist. Wenn man Leute fragt, wofür die Christen stehen, dann kommt ganz oft eine Antwort, die mit Moral zu tun hat. Ein Christ lebt so und so und darf dieses und jenes nicht. Dabei ist die Hauptbotschaft, warum Jesus überhaupt auf die Welt gekommen ist, eine ganz andere.
Er wollte, dass die Menschen eine Sache sicher wissen: »Gott liebt dich durch Jesus! Jesus liebt dich wie verrückt! Gott möchte eine Liebesbeziehung zu dir haben, wie ein guter Vater zu seinen Kindern!« Der Schreiber des Johannesbriefes bringt es in der Bibel auf den Punkt. Er schreibt dort im vierten Kapitel: »Gott ist die Liebe!« Das bedeutet, dass Gott die Liebe in Person ist, die verkörperte Liebe! Wenn du Liebe definieren willst, dann kannst du das mit einem Wort machen: »Gott«. Liebe und Gott sind identisch, es ist ein und dasselbe.

Liebe ist das Ziel des Lebens

Wenn man sich anschaut, was die Menschen alles aus »Liebe« gemacht haben, kann man manchmal nur noch kotzen. Im Internet begegnet uns auf vielen Seiten eine Liebe, die sich nur auf das Körperliche beschränkt: Liebe ist Sex. Wie arm wäre Liebe, wenn sie nur aus Sex bestehen würde. Sex ist cool, aber Liebe ist viel mehr, sie ist bedingungslose Annahme, sie bedeutet, endlich da angekommen zu sein, wo man schon immer hin wollte. Liebe ist das Ziel des Lebens. Ich glaube, dass sich jeder Mensch nach dieser Liebe sehnt. Wir suchen nach dieser bedingungslosen Liebe auf der Welt und werden immer wieder enttäuscht. Der Partner liebt uns eine Weile, die ersten Jahre vielleicht oder so lange, wie wir attraktiv sind. Aber plötzlich zeigen wir andere Seiten von uns, und dann ist die Liebe verschwunden, wir werden verlassen und manchmal sogar gehasst. So ist Gott nicht! Er liebt die Menschen, ohne dass sie etwas dafür tun müssen. Liebe ist sein ureigener Charakter, seine Ausstrahlung, seine Existenz.

Du brauchst nicht um diese Liebe zu kämpfen! Man kann sie nicht verdienen. Egal, ob du lebst wie Mutter Teresa oder wie Charles Manson oder wie Osama Bin Laden, seine Liebe ist immer gleich. Ich bin überzeugt, dass alle Menschen das hören müssen: »Jesus liebt dich!« Und beim Hören darf es nicht bleiben, wir müssen das inhalieren, es aufsaugen wie ein trockener Schwamm, bis wir es endlich glauben. Dann erst werden wir frei sein. Wir werden frei sein davon, andere beeindrucken zu müssen. Wir werden auch frei davon sein, uns besser darzustellen, als wir wirklich sind. Wir werden keine Erfolge mehr brauchen, um uns besser zu fühlen, und auch keinen schlankeren Bauch oder noch mehr Muskeln auf den Oberarmen. Und wir brauchen auch kein Koks mehr oder Alk oder sonst was, um uns dieses Gefühl chemisch zu holen.

Wir kämpfen um Liebe

Könnte es sein, dass diese Welt voller Leute ist, die unbewusst wie verrückt um diese bedingungslose Liebe kämpfen, die man eigentlich nur von Gott bekommen kann? Ich sehe das überall. Im Fitnesscenter kämpfen die Männer sich ab an den Gewichten, sie stellen ihre Ernährung um, sie nehmen irgendwelche Pillen, sie schuften wie verrückt, um den ersehnten Waschbrettbauch zu bekommen. Und die Frauen hopsen im »Fatburner-Kurs« um die Wette, damit sie Körperfett verbrennen, schwitzen im »Bauch-Beine-Po«-Trainingsprogramm, um irgendwie schöner auszusehen, als sie sowieso schon sind. Andere hungern sich fast zu Tode, um so schlank zu sein wie die Topmodels auf dem Laufsteg. Wir fühlen uns so, wie wir sind, nicht wertvoll genug, nicht liebenswert genug.

Vor einigen Jahren lief mal auf dem TV-Sender ProSieben die Serie »The Swan«, moderiert von Verona Pooth, ehemals Feldbusch. In dieser Sendung konnte man ein paar Frauen kennenlernen, die sich alle nicht hübsch und liebenswert fanden, zumindest war das mein Eindruck. In einem richtig harten Trainingsprogramm wurde diesen jungen Frauen gezeigt, wie sie etwas schöner aussehen könnten. Das Programm fing mit einer Ernährungsumstellung und dem Erlernen von Schminktechniken an. So weit, so gut. Aber dann wurde es immer kranker. Die Frauen unterzogen sich einer richtig krassen Tortur mit harten sportlichen Übungen, die sie zum Teil total überforderten. Und dann fingen sie an, sich von einem Schönheitschirurgen unter großen Schmerzen die Lippen aufspritzen, das Fett am Bauch absaugen und die Brüste vergrößern zu lassen. Als ich das sah, dachte ich nur: Diese Mädchen müssten mal hören, dass es einen Gott gibt, der sie so liebt, wie sie sind. »Jesus liebt dich, egal, wie du aussiehst! Er hat jede Zelle von dir gemacht und findet, dass du total hübsch bist!« Aber leider gab es dort keinen, der ihnen das erzählt hätte. Vielleicht hat auch die Schönheitsindustrie gar kein Interesse daran, dass diese Botschaft rumkommt. Ich habe nichts gegen schöne Klamotten, Schminke, auch nichts gegen eine gesunde Ernährung und einen schlanken Körper. Das ist alles toll. Die Frage ist doch nur: Warum machen wir das? Fühlen wir uns nur geliebt und liebenswert, wenn wir nach diesen Maßstäben »gut« aussehen?

Es ist wirklich wahr, Jesus liebt jeden einzelnen Menschen. Wir sind durch ihn und für ihn entstanden! Er ist für jeden Einzelnen gekommen, damit er mit ihm zusammen sein kann. Gott war bei jedem Menschen dabei, als er geboren wurde, keiner ist zufällig hier auf der Welt. Wenn dir das klarwürde und du diese Liebe in Jesus wirklich entdecken könntest, was wäre das für eine unglaubliche Befreiung! Der Kampf nach Liebe ist endlich vorbei!

Auch die Natur ist durch Jesus und für Jesus geschaffen worden

Ich finde diese Aussage auch dann wichtig, wenn wir uns einmal anschauen, was die Menschen mit der Natur heute anstellen. Wenn dieses Wort »alles« wirklich so gemeint ist, dann wäre natürlich nicht nur der Mensch davon betroffen, das ist ja klar. »Alles« meint »alles«. Das bedeutet: Auch die Natur ist von Gott und für Gott geschaffen worden! Wir leben auf dieser Erde, doch wir vergessen das oft. Die Menschen gehen mit der Natur nicht so um, als wäre sie Gottes Geschenk an sie.

Im ersten Buch der Bibel kann man lesen, wie Gott die Welt erschuf. Er hat den Planeten Erde in das Weltall gepinnt und dafür gesorgt, dass er exakt genau in dem Abstand um die Sonne kreist, dass die Pflanzen und die

Lebewesen nicht verbrennen, aber auch nicht erfrieren. Ich habe mal eine wissenschaftliche Untersuchung von einem Mann gelesen, der sich ausführlich mit diesem Thema beschäftigt hat. Er schreibt, die Sonne wäre im Durchschnitt ca. 150 Millionen Kilometer von der Erde entfernt. Wäre sie aber nur etwas näher an unserem Planeten dran, hätte das fatale, tödliche Folgen. Die Meere würden verdunsten, es gäbe kaum trinkbares Wasser, Leben könnte nur sehr schwer existieren. Wäre sie aber etwas weiter von unserem Planeten entfernt, dann hätten wir überall Winter, und Leben wäre nur sehr schwer möglich. Aber Gott hat alles perfekt gemacht, damit das Leben auf dieser Erde schon seit so vielen Jahren existieren kann. Gott hat in seiner oberkreativen Art eine unvorstellbare Vielfalt an Pflanzen entstehen lassen. Die Tiere sind teilweise so bunt und dabei so unterschiedlich, dass selbst die schlauesten Biologen immer wieder ins Staunen kommen. Es gibt allein über 10 000 Vogelarten auf der Welt, und ständig entdeckt man eine neue, die noch niemand vorher gesehen hat! Erst 2010 gab es Ergebnisse zu einer riesigen »Unterwasser-Volkszählung«. Wissenschaftler haben dabei 250 000 unterschiedliche Meereslebewesen entdeckt und beschrieben. Niemand auf der Welt kann uns heute genau sagen, wie viele Tierarten es überhaupt gibt. Die Schätzungen schwanken zwischen 10 und 100 Millionen, wie krass ist das denn?

Wir zerstören dieses Geschenk von Jesus mit Dreck, Öl und Abgasen

Manchmal möchte ich diese Botschaft so laut rausschreien, dass wirklich jeder das hört: »Jesus hat diese Welt gemacht! Die Natur ist ein krasses Wunder! Und er hat sie uns nur zur Verfügung gestellt! Lass uns mit dieser

Welt besser, verantwortungsvoller und jesusmäßiger umgehen!«

Wann hören wir endlich auf, Ölquellen im Meer auszubeuten, die dann am Ende unsere Natur kaputt machen, wie im Jahr 2010 wieder geschehen? Wann hören wir auf, mit Atomkraft rumzuspielen und damit diese Welt am Ende dauerhaft zu schädigen? Wann hören wir mit der ständigen Luftverschmutzung auf und gehen mit der Atmosphäre so um wie mit einem kostbaren Geschenk, was Gott uns gemacht hat?

Gott hat durch Jesus alles gemacht

Ich bin mir ziemlich sicher, dass wir das endlich mal kapieren müssen: Gott hat durch Jesus alles geschaffen, dieses Universum, die Erde, die Natur, die Menschen und auch dich und mich. Das, was er geschaffen hat, liebt er sehr.

Gott ist Liebe, und er liebt jeden Menschen, ohne Bedingungen, egal, was wir getan haben.

Wir sind für ihn geschaffen worden, er hat einen Plan für jeden.

Es ist kein Zufall, dass du lebst, Jesus hat dich gewollt.

Und er mag dich so, wie du bist, du brauchst nicht länger um Liebe zu kämpfen.

Warum? Weil Jesus dich liebt, ohne Ende. Du bist durch Jesus und für ihn geschaffen worden, das sagt die Bibelstelle aus dem Brief von Paulus an die Kolosser, und es ist die Wahrheit!

Jesus hält alles zusammen

Und er steht über allem, und alles hat in ihm seinen Bestand. Ferner ist er das Haupt des Leibes, nämlich der Gemeinde.

Kolosserbrief, Kapitel 1, Verse 17 und 18

Was hält die Atome zusammen?

Neulich gab es eine Hurra-Meldung in den Nachrichten. Atomwissenschaftler haben es hinbekommen, wieder einen Atombaustein zu spalten. Super! Spaltet man ein Atom, werden daraus Protonen und Neutronen. Spaltet man die Neutronen wiederum, entstehen Hadronen, und werden die auch noch gespalten, dann haben wir viele kleine Quarks. Was da jetzt genau gespalten wurde, hab ich vergessen, aber als die Meldung rauskam, hat die ganze wissenschaftliche Welt gejubelt, das weiß ich noch. Ich will jetzt mal dahingestellt sein lassen, ob uns die Atomforschung Gutes oder eher nicht so Gutes gebracht hat, das sollen andere entscheiden. Was ich aber viel wichtiger finde, ist, dass kein Wissenschaftler erklären kann, wie die Atome zusammenhalten, oder besser, was sie überhaupt zusammenhält! Klar, wir wissen, dass die Elektronen um den Atomkern flitzen, in dem die Neutronen stecken. Man geht davon aus, dass es dort so eine Art magnetische Anziehungskraft gibt. Aber warum das so ist und wie das entstanden ist, das kann niemand wirklich sagen.

Ich würde gern diesen Forschern mal die Frage stellen: »Wer hat das alles programmiert? Wie ist das konstruiert worden? Warum ist das so? Wie kommt es, dass die Atome sich nicht voneinander entfernen und dass die Materie überhaupt zusammenhält?« Meine Antwort ist jetzt vielleicht für die meisten Wissenschaftler etwas zu schräg. Aber ich glaube tatsächlich, dass diese Stelle im Kolosserbrief auch hierzu etwas zu sagen hat. Denn in ihr steht: »... und er [Jesus] steht über allem, und alles hat in ihm seinen Bestand«!

Auch hier taucht wieder dieses magische Wort »alles« auf. Dieses »alles« kann man auf die Natur beziehen, auf das Weltall und auch auf die Atome. Jesus hält einfach alles zusammen, und ohne ihn würde vermutlich alles auseinanderfallen. Eine heftige Vorstellung, ich weiß! Versuch dich mal an diesen Gedanken zu gewöhnen.

Im Buch von Johannes, das wir im Neuen Testament der Bibel finden, stehen zu Beginn im ersten Kapitel ein paar Sätze über den Anfang des Universums. Dort schreibt er, dass am Anfang »das Wort war«, und es ist klar, dass mit diesem Wort Jesus gemeint ist. Wörtlich steht dort:

> *»Im Anfang war das Wort, und das Wort war bei Gott, und Gott war das Wort. Dasselbe war im Anfang bei Gott. Alle Dinge sind durch dasselbe gemacht, und ohne dasselbe ist nichts gemacht, was gemacht ist. In ihm war das Leben, und das Leben war das Licht der Menschen.« (Johannes 1,1–4)*

Und in Vers 14 wird klar, dass Jesus dieses Wort gewesen ist:

> *»Und das Wort ward Fleisch und wohnte unter uns, und wir sahen seine Herrlichkeit, eine Herrlichkeit als des eingeborenen Sohnes vom Vater, voller Gnade und Wahrheit.«*

In der Volxbibel steht das so:

»1 Als Erstes war das absolut richtige und total planvolle Reden da. Es war mit Gott ganz eng verbunden, ja, es war sogar selbst Gott. 2 Von Anfang an war es bei Gott. 3 Es hat alles gemacht, was es so gibt. Nichts ist ohne das gemacht worden. 4 Es ist das Leben in Person. Es hat die Menschen aus der Dunkelheit rausgerissen und ihnen die Richtung für ihr Leben gezeigt.«

Und im Vers 14 steht dort:

»14 Das Wort wurde zu einem Menschen. Der einzige Sohn von Gott ist als ein normaler Mensch zu uns gekommen. Wir waren Augenzeugen, dass uns Gott jetzt so nahe gekommen war, dass wir ihn anfassen konnten. In Jesus Christus konnten wir erst begreifen, wie derbe Gott eigentlich ist, wie sehr der Vater uns liebt und dass man sich auf ihn hundertpro verlassen kann, dass er nie lügt.«

Jesus war also von Anfang an da, bevor es alle Planetensysteme jemals gegeben hat! Auch schon, bevor die Erde entstanden ist, gab es Jesus! Vielleicht kann man sich das so vorstellen, dass Jesus bei Gott, dem Vater, auf dem Schoß gesessen hat, als der das Universum machen wollte. Und Gott hat es so vorgesehen, dass alles, was auf dieser Welt ist, bis in seine kleinsten Strukturen von Jesus geprägt und zusammengehalten wird. Ist das unvorstellbar? Aber wie sollte man sonst diese heftige Bibelstelle verstehen? Kann es nicht so sein: Gott, der das ganze Weltall gemacht hat, wollte, dass dies alles durch Jesus, durch seine Kraft, zusammengehalten wird. In unserem Planetensystem besteht seit vielen Millionen Jahren die perfekte Ordnung. Gott hat alles so entstehen lassen, und durch Jesus hält auch alles so zusammen, damit es weiter funktioniert.

Ich habe ja schon vorher erwähnt, wie perfekt dieses Planetensystem um unsere Sonne ausgerichtet ist. Wäre die Erde nur ein wenig näher an der Sonne dran, wir hätten riesige Naturkatastrophen. Das Eis auf den Polen wäre auch ohne unser FCKW, Autoabgase und Ähnliches bereits abgeschmolzen, und die Welt würde im Wasser ersaufen. Wäre die Erde aber etwas weiter von der Sonne entfernt, die ganze Welt wäre mit einem Eispanzer überzogen, und das Leben könnte nicht existieren. Wenn diese Bibelstelle nicht lügt, dann hat Gott dieses System durch Jesus entwickelt, Jesus selbst steckt dort drin, er hält alles zusammen, und alles hat in ihm seinen Bestand. Da Gott durch Jesus alles gemacht hat, bedeutet das wohl auch, dass die Natur ursprünglich durch ihn in perfekter Ordnung war, bis der Mensch kam und durch Ölverschmutzung, Autoabgase, Müllerzeugung usw. alles in Unordnung gebracht hat.

Vereinsamung

Ich glaube, dass man einige Tendenzen in der Gesellschaft feststellen kann, ohne jetzt den Mega-Soziologen raushängen zu lassen. Eine Tendenz ist, dass wir immer mehr in einer Single-Gesellschaft leben. Es gab noch nie so viele Singles wie heute. Millionen von Menschen leben allein in ihrer Wohnung und sterben vor Einsamkeit.
Dazu kommt, dass viele Menschen in der westlichen Welt es anscheinend nicht lange miteinander aushalten können. Jedes Jahr trennen sich immer mehr Ehepaare. Lag die Scheidungsrate in den 1980er Jahren noch bei 170 000 pro Jahr, wurden seit der Jahrtausendwende vom Statistischen Bundesamt jährlich 190 000 bis 200 000 Scheidungen gezählt, Tendenz steigend. In Prozent gesehen bedeutet das eine Steigerung von acht Prozent aller Ehen (1960)

zu knapp 51 Prozent (2008). 700 000 Mütter mit ca. einer Million Kindern in Deutschland gelten als »alleinerziehend«; sie haben keinen Partner, der sich mit ihnen um das Kind kümmert.

Der letzte Partner: die Glotze oder das Internet

Nach meinem Gefühl kann man eindeutig einen Trend zur Vereinsamung in der westlichen Welt bemerken. Viele Stadtteile bestehen aus sogenannten Singlehaushalten, wo nur noch ein Mensch in seiner eigenen kleinen Bude wohnt. Einen Partner fürs Leben zu finden ist zur schwersten Aufgabe geworden. Es ist schwerer, als einen Beruf oder eine Wohnung zu finden. Das war vor Jahren definitiv anders. So wird für viele Menschen der Fernseher zum letzten Partner – oder das Internet.

Untersuchungen haben ergeben, dass die heranwachsende Generation immer weniger Zeit mit Freunden und immer mehr Zeit vor dem Computer verbringt. Soziale Netzwerke breiten sich wie verrückt aus, die einem aber oft eine virtuelle Pseudofreundschaft vorgaukeln. Zum Geburtstag bekommst du Dutzende von Glückwünschen, weil das Datum von deinem Profil auf den Seiten dieser virtuellen Freunde erscheint, aber keiner ruft mal an oder besucht dich. Die größte Plattform dieser Art ist zurzeit Facebook mit etwa 500 Millionen Nutzern weltweit. Ich habe auf dieser Plattform über 5000 »Freunde«, und jeden Tag kommen neue Anfragen hinzu. Aber wer davon ist wirklich mein Freund? Wer ist da, wenn ich Hilfe brauche? Zu wem kann ich gehen, wenn ich nicht mehr weiterweiß? Welcher von diesen Menschen hat wirklich Interesse an meinem Leben?

Kontaktbörsen und Sexseiten: die Renner im Netz

Eine der größten Branchen im Internet ist die der Kontakt- und Singlebörsen. Es gibt Hunderte davon allein in Deutschland, mit zum Teil gigantischen Wachstumsraten. Der größte Wunsch von vielen Männern und Frauen ist es, endlich den Partner fürs Leben zu finden und nicht länger einsam zu sein. Ich habe viele Bekannte, die mit dieser Hoffnung jeden Tag Stunden auf solchen Seiten verbringen. Auch das ist für mich ein Zeichen von zunehmender Vereinsamung.

Und dann sind da noch die Seiten, die im Internet mit Abstand am allermeisten besucht werden, die Sexseiten. Laut einer Schätzung von Google gibt es zurzeit ca. eine Billion Webseiten weltweit. Dabei kann keiner diese Angabe sicher bestätigen, weil die Zahl der Websites täglich zunimmt. Aber eine Studie des Softwarehauses Optenet hat im Jahr 2010 herausgefunden, dass ca. 37 Prozent davon Seiten mit sexuellen Inhalten sind. Das ergibt die unvorstellbare Zahl von 370 000 000 000 (370 Milliarden) Sexseiten im gesamten Internet. Eine fast unkontrollierbare Flut von pornografischen Filmen und Bildern überschwemmt den Nutzer, egal, ob er auf der Suche nach diesem Material ist oder nicht. Im Tiefsten hat aber auch dieses Phänomen seine Ursache in der Einsamkeit vieler Menschen.

Es scheint eine Kraft in der Welt zu geben, die gegen das arbeitet, was Jesus will. Sie versucht alles, damit wir nicht zusammenhalten. Sie will, dass wir allein und schließlich einsam sind. Diese Gegenkraft will alles auseinandertreiben, sie will zerstören und kaputt machen. Aber wer mit Jesus lebt, wird bemerken, dass er in der Lage ist, alles zusammenzuhalten.

Spaltung in der Kirche

Christen haben keine Kraft mehr, die Gesellschaft positiv zu beeinflussen, wenn ihre Gemeinschaft auseinandergetrieben wird und sie nicht zusammenhalten. Zum Glück sind sie durch Jesus in der Lage, diese Spaltungstendenzen zu überwinden. Denn er hält alles zusammen, alles hat in ihm seinen Bestand! Er kann den Kontakt zwischen Menschen sichern oder wiederherstellen. Es gibt ungezählte Christen, die das erlebt haben.

Kann es sein, dass System dahintersteckt? Dieses System von Einsamkeit, Trennung und Spaltung breitet sich aus und scheint es überall zu geben. In Familien. In Gemeinschaften. In Ehen. Und auch in der Kirche. Seitdem ich Christ bin, habe ich allein drei Spaltungen von Gemeinden miterlebt. Jede Spaltung kam aus anderen Gründen, aber jede hat unheimlich viel Schmerzen verursacht und Kraft gekostet.

In der Bibel gibt es eine Stelle, wo Paulus ganz eindeutig vor der Spaltung von Gemeinden warnt. Wir können sie im ersten Brief an die Gemeinde in Korinth finden, und zwar im ersten Kapitel ab Vers 10. Dort schreibt er nach Luther Folgendes:

> *»Ich ermahne euch aber, liebe Brüder, im Namen unseres Herrn Jesus Christus, dass ihr alle mit einer Stimme redet, und lasst keine Spaltungen unter euch sein, sondern haltet aneinander fest in einem Sinn und in einer Meinung.«*

In der Volxbibel steht es so:

> *»Liebe Leute aus der Familie von Gott, ich hab eine dringende Bitte an euch: Achtet darauf, dass ihr euch durch nichts auseinanderbringen lasst! Spal-*

tung ist ätzend! Versucht, Einigkeit zu kriegen in euren Zielen und auch in dem, wie ihr so gemeinsam unterwegs seid.«

Paulus warnt vor Spaltung

Es scheint in der Gemeinde von Korinth ein Problem gegeben zu haben, das die ganze Gemeinschaft in große Gefahr gebracht hatte. Paulus schreibt hier mit aller Autorität, die ihm zur Verfügung steht. Wenn dort steht: »im Namen unseres Herrn Jesus Christus«, kann man erkennen, wie wichtig es ihm war, dass er die höchste Autorität anrief, die es für ihn gab.
Mal einen Vergleich: Stell dir vor, du hast ein Problem mit deinem Handyvertrag und rufst ständig bei der Hotline an. Man hilft dir nicht weiter, du wirst von einem Sachbearbeiter zum nächsten weitergeleitet. Keiner beachtet dich, obwohl du immer deine Rechnung bezahlt hast, denn du bist ja nur einer von Zigmillionen Kunden. Aber wenn du dort anrufst und sagst: »Ich rufe im persönlichen Auftrag der Bundeskanzlerin der Deutschen Bundesregierung in Berlin an!«, würde man dich sofort bedienen. Auf die Art beruft sich Paulus hier auf Jesus. Wenn man »im Namen Jesus« etwas macht, dann hat das Power. Es war ihm also superwichtig, dass die Gemeinde in Korinth aufpasst, sich nicht zu spalten. Warum?

Spaltung nimmt die Kraft

Spaltung in der Gemeinde ist nicht gut, denn sie nimmt der Kirche die Kraft. Hast du schon mal einen Wohnungsumzug mitgemacht? Mit zehn Leuten ist so ein Umzug oft ein Kinderspiel. Mit fünf Leuten ist er schon wesentlich schwerer und kraftaufwendiger. Aber mit zwei Leuten kannst du es vergessen, das schafft man nicht. Genauso ist das auch mit der Kirche. Es gibt heute 23 katholische Teilkirchen und über 200 evangelische Kirchen auf der Welt. Dazu kommen noch die der orthodoxen Christen. Alle diese Kirchen sind einmal aus einer einzigen Kirche entstanden. Und jedes Jahr kommen wieder neue dazu, die durch irgendeine Spaltung entstehen.

Paulus sagt hier ja nicht: »Hey, Leute, passt mal ein bisschen auf, dass ihr euch besser vertragt!« Nein, er spricht in großer Autorität und benutzt die gleiche Formel, die man nimmt, wenn man einen Dämon austreiben will: »Im Namen Jesu!« Es war ihm superwichtig, und das ist es heute immer noch.

Stellt man sich mal vor, es hätte nie eine Spaltung in der Kirche gegeben und alle Christen würden an einem Strang ziehen. Was könnte man gemeinsam alles erreichen? Was für riesengroße soziale Projekte hätte man gemeinsam stemmen können! Ich bin mir sicher, dass man in der Lage wäre, den Hunger in der Welt zu beenden, wenn alle Christen auf der Welt wirklich zusammenarbeiten würden. In Jesus wäre diese Einheit möglich, weil er alles zusammenhält.

Die deutsche Einheit kam durch gemeinsames Handeln

Auch politisch hätte man ganz anderen Einfluss. Würden alle Christen auf der Welt zusammenarbeiten, sie könnten Kriege verhindern und faschistische Regierungen gewaltlos stürzen. Aber stattdessen streiten sie sich über theologischen Kleinkram und verlieren unheimlich viel Kraft durch endlose Diskussionen. Was Leute erreichen können, wenn sie nur gemeinsam an einem Strang ziehen, zeigt die Wende in Deutschland im Jahr 1989. Diese kleine Revolution war ja nur möglich, weil plötzlich viele Millionen Menschen gemeinsam auf die Straße gegangen sind und sich in einer Sache einig waren: »Wir sind das Volk!« Und in diesem »wir« steckte die Kraft, um ein ganzes Regime zu stürzen.

Die Kirche ist gespalten

Aber leider sind die Kirchen bis heute immer noch zerstritten. Allein in Berlin gibt es über 80 unterschiedliche christliche Kirchen. Auf der ganzen Welt lähmen sich die Christen gegenseitig, weil sie sich nicht einigen können. Da frag ich mich doch: Wer oder was könnte die Christen wieder zusammenbringen? Wäre das nicht möglich, wenn sie sich auf den besinnen würden, der »alles zusammenhält«, auf Jesus? Schließlich sind sich alle christlichen Kirchen ja in dem Punkt einig, dass Jesus der Weg zu Gott ist.

Wem folgst du nach? Dem Pastor oder Jesus?

Ich habe neulich mal einen Artikel über eine sehr große Gemeinde in den USA gelesen. Diese Kirche wuchs jedes Jahr um viele hundert Mitglieder, und sie hatte einen positiven Einfluss auf die ganze Stadt. Man musste dort fünf Gottesdienste pro Wochenende organisieren, damit alle Mitglieder die Möglichkeit bekamen, in die Kirche zu gehen. Schließlich baute man ein größeres Gebäude, dann ein noch größeres, mit eigenem Parkhaus vor der Tür. Bis zu 3000 Leute hatten in dem neuen Saal Platz. Aber dann passierte etwas, das die ganze Gemeinde gespalten hat. Beim Pastor entstand der Wunsch, in einer anderen Stadt eine neue Kirche aufzumachen. Schließlich wurde ein Nachfolger gefunden, er und seine Familie packten ihre

Sachen und zogen weg. Nach nur drei Monaten brach die ganze Kirche zusammen! Es kamen immer weniger Leute in die Gottesdienste, die Mitgliederzahl schrumpfte, und damit gab es auch immer weniger Spender. Schließlich ging der Trägerverein pleite, und am Ende war die ganze Gemeinde platt. Da frag ich mich doch, wem die Mitglieder eigentlich nachgefolgt sind: Jesus oder dem Pastor? Wären sie Jesus nachgefolgt und wegen ihm in die Gemeinde gegangen, sie hätten sie garantiert nicht verlassen. Die Spaltung wäre verhindert worden.

Wie passiert die Spaltung von Gemeinden?

Wie sonst noch passiert Spaltung in der Kirche? Ich glaube, es gibt da unterschiedliche Wege. Oft kann man dahinter ein vergleichbares Schema erkennen. Zum Beispiel passiert in vielen Freikirchen oft Folgendes: Pastor B ist einer von zwei Pastoren in einer Gemeinde. Beim Bibellesen, durch den Besuch einer Bibelschule oder durch das Studium eines guten Buches kommt er zu einer ganz neuen, allerdings sehr radikalen Erkenntnis. Er predigt über diese Erkenntnis. Einige der Gemeindemitglieder finden gut, was er sagt, und folgen ihm. Plötzlich wird Pastor A misstrauisch. Die Aufmerksamkeit für diese neue Bewegung in seiner Kirche wird immer stärker. Der Zulauf beunruhigt ihn etwas, und er studiert einmal die Texte der neuen Lehre. Schließlich kommt er zu anderen Ergebnissen und gibt diese auch in der Gemeinde öffentlich bekannt. Auf einmal gibt es zwei Lager, das Lager von Pastor B und das Lager von Pastor A. Es wird immer schwerer, Gottesdienste zusammen zu feiern, weil die Nachfolger von Pastor B ganz anders beten als die von Pastor A. Und man spürt ihnen auch ab, dass sie etwas abfällig auf die Nachfolger von Pastor A herabschauen, denn sie haben ja »noch nicht« die neue Erkenntnis, sie sind einfach »noch nicht so weit«. Irgendwann sagt Pastor B, dass er in der Gemeinde nicht mehr in aller Freiheit Gott dienen kann. Die Auflagen, die Pastor A ihm gemacht hat, kann er nicht mehr befolgen, denn dann würde er Gott verraten. Darum gründet Pastor B seine eigene neue Gemeinde. Die Hälfte der Kongregation folgt ihm. Das Ergebnis: Spaltung! In der Stadt gibt es ab sofort zwei kleine Gemeinden anstatt einer großen. Die zurückgelassene Gemeinde braucht Jahre, um die Spaltung aufzuarbeiten. Der Schmerz sitzt tief, und es fällt schwer, Gott zu vertrauen. Man ist wie gelähmt.

Total weit hergeholt? Fakt ist, dass so was schon tausendfach passiert ist und viele neue Gemeinden so oder ähnlich entstanden sind. Ich hab nichts dagegen, dass man neue Gemeinden gründet. Ganz im Gegenteil, das ist eine super Sache, und wir brauchen noch viel mehr unterschiedliche Gemeinden in Deutschland. Aber muss eine Gemeinde immer aus einer Spaltung entstehen? Nein, das glaube ich nicht. Es ist möglich und auch vielfach so passiert, dass man sich im Frieden trennt und die alte Gemeinde die neue Gemeinde sogar noch mit ihrem Gebet begleitet. Tatsächlich ist es aber so, dass Gemeinden, die aus einer Spaltung entstanden sind, sich fast immer irgendwann wieder spalten. Das ist wie ein Virus, das – einmal in die Gemeindestruktur übernommen – sich immer weiter verbreitet.

Jesus bringt Einheit

Was kann man dagegen tun? Die Antwort steckt für mich in diesem Vers aus dem Kolosserbrief von Paulus. Jesus hält alles zusammen, »alles hat in ihm seinen Bestand«. Wir können in Jesus wieder zusammenkommen, er kann Spaltungen verhindern und das, was uns trennt, wieder zusammenführen! Wenn es Spaltungstendenzen in der Gemeinde gibt, muss es doch möglich sein, auf diesem gemeinsamen Jesusnenner wieder zueinanderzufinden! Wenn wir uns bewusst machen würden, dass eine andere Kraft immer wieder versucht, Dinge zu spalten, Ehen auseinanderzubringen, Gemeinden durcheinanderzuwirbeln, Freundschaften zu zerstören, wären wir besser gewappnet. »Gefahr erkannt, Gefahr gebannt«, sagt man so schön.

Die Methoden des Feindes kennen

Ich habe viele Jahre leistungssportmäßig im Verein Tischtennis gespielt. Bei sehr vielen Sportarten ist es so, dass man an einen Punkt kommt, an dem eine persönliche Leistungssteigerung ins Stocken kommt. Beim Tischtennis kannst du einen noch so guten Aufschlag haben, einen harten Schmetterball und einen schnellen Spin. Echt gut wirst du erst, wenn du auch lernst, deinen Gegner richtig einzuschätzen. Wenn du den gegnerischen Aufschlag richtig »lesen« kannst und sofort erkennst, ob der Ball jetzt mit einem Seiten- oder Unterschnitt ankommt, wirst du in der Lage sein, ein Spiel zu gewinnen. Ähnlich ist das bei Schach, Basketball, Fußball und vielen anderen Sportarten. »Was macht mein Gegner? Wie greift er an? Was für eine Taktik fährt er?« Diese Fragen entscheiden über Sieg oder Niederlage. Ich meine, das Gleiche gilt auch für das Leben. Wie schon vorher erwähnt, gibt es nicht nur Jesus und Gott, sondern auch eine dunkle Seite der Macht, da bin ich mir sehr sicher. Diese Gegenmacht fährt bestimmte Taktiken auf, um die Menschen kaputt zu machen. Es ist eigentlich relativ leicht, diese Taktiken zu durchschauen, wenn man das erst mal weiß. Eine davon ist die Lüge, darüber wurde in einem vorherigen Kapitel ausführlich gesprochen. In diesem Kapitel hab ich von einer anderen erzählt: der Spaltung.

Jesus ist das Haupt der Gemeinde

Ich glaube, wenn wir uns als Christen immer wieder bei Jesus treffen würden, gäbe es keine Spaltung. Die Bibelstelle aus dem Kolosserbrief sagt, dass Jesus das Haupt der Gemeinde ist. Man könnte auch sagen, er ist der Kopf, bei ihm läuft alles zusammen. Das bedeutet doch auch, dass kein Pastor, Papst, Leiter oder sonst wer das Zentrum der Gemeinde sein sollte, sondern immer nur Jesus! Anstatt das zu suchen, was uns in der Gemeinde voneinander trennt, sollten wir uns auf das konzentrieren, was uns in der Gemeinde verbindet! Das gilt für jede Ortsgemeinde genauso wie für die Kirche weltweit. Jesus ist der Kopf, er ist das Zentrum. Wenn man sich das klarmacht, werden die Dinge, die uns trennen, plötzlich ganz klein. Wir glauben doch alle an denselben Jesus! Warum ziehen wir dann nicht alle an einem Strang?
Auch wenn es Spaltungskräfte in kleinen Gruppen, christlichen Vereinen oder Freundschaften gibt, hat Jesus alles parat, damit man wieder zusammenkommen kann. Manchmal ist es nötig, sich auszusprechen, manchmal muss man den anderen vergeben. Es hilft aber immer, wenn man sich daran erinnert, was einen verbindet, anstatt darüber zu streiten, was einen trennt.

Jesus bringt geschiedene Ehen wieder zusammen

Ein bekanntes Ehepaar aus unserer Nachbarschaft hatte ständig Streit miteinander. Manchmal war es so laut, dass man es im ganzen Treppenhaus hören konnte, wenn sie mal wieder am Zoffen waren. Das Einzige, was sie noch zusammenhielt, waren die Kinder. Nachdem der Älteste mit 25 Jahren aus der Wohnung ausgezogen war, schien der weitere Weg vorprogrammiert: Scheidung. Aber dann passierte etwas ganz Unerwartetes. Die beiden wurden von Freunden eingeladen, einmal in die Gemeinde zu kommen und an einem offenen Abend teilzunehmen. Dort wurde ein Kurs angeboten, der die Grundfragen des Glaubens klären sollte. Eigentlich nur, weil die Freunde die Einladung so hartnäckig immer wieder aussprachen, langsam rumnervten und die beiden am Ende auch keine richtig gute Ausrede mehr parat hatten, kamen sie zum ersten Abend in die Gemeinde mit. Die Veranstaltung war gerade eben gut genug, dass die beiden es noch auf einen zweiten Versuch ankommen lassen wollten. Schließlich waren beide dann doch zu allen acht Abenden da, es entstand so etwas wie Vertrauen, zuerst in die Gemeinde, dann in das dort vorgetragene Konzept und schließlich auch in Jesus. Beide wurden am Ende zu Christen, zu Jesusleuten. Plötzlich war eine neue Kraft in ihrer Ehe, die sie vorher nicht hatten. Sie fingen an, gemeinsam zu Jesus zu beten, und erlebten einige richtige Wunder. Der neue Glaube feuerte auch ihre Liebe zueinander neu an. Seit vielen Jahren sind beide nun regelmäßige Kirchgänger, und der Sonntagsgottesdienst ist zu einem festen Bestandteil ihres Alltags geworden. In der Gemeinde wuchs ihr Glaube an Jesus weiter. Dadurch entstand auch eine neue Verbindung, ein neues Band in ihrer Ehe, das fester war als alles, was die beiden zuvor kennengelernt hatten. Psychologen würden vermutlich behaupten, dass der Grund dafür in der Gemeinschaft lag, die diese Gemeinde dem Ehepaar anbot, oder an einem neuen gemeinsamen Interesse. Das ist zum Teil sicher richtig. Trotzdem komme ich im Grundsatz zu einem anderen Ergebnis. Dadurch, dass Jesus in diese Ehe gekommen ist, kam die Kraft zum Wirken, die alles zusammenhält. Jesus hat dafür gesorgt, dass Dinge, die vorher getrennt haben, aus dem Weg geräumt werden konnten. Die beiden hatten einen neuen gemeinsamen Grund, einen neuen Boden für ihre Ehe gefunden, der besser war als der vorherige. Der Gott, den sie durch Jesus kennengelernt hatten, war in der Lage, die Wunden zu heilen, die sie sich in den Ehejahren vorher gegenseitig geschlagen hatten. Plötzlich waren sie fähig, nicht mehr auf den Fehlern des anderen rumzureiten, sondern konnten sich gegenseitig vergeben. Die inneren Schmerzen verschwanden und wurden ausgetauscht gegen eine neue, jesusmäßige, leidenschaftliche Liebe. Vorher wurde ihre Ehe zusammengehalten, weil es von wirtschaftlichem Vorteil war, und aus Verantwortungsbewusstsein den Kindern gegenüber. Aber jetzt war eine Bindung zwischen ihnen entstanden, die viel fester und tiefer war als alles, was sie vorher kennengelernt hatten.

Natürlich gibt es zwischen ihnen auch heute immer mal wieder einen Streit oder eine Auseinandersetzung. Aber dadurch, dass Jesus in ihre Ehe gekommen ist, haben sie jetzt die Möglichkeit, gemeinsam zu beten. Und immer wieder erleben sie, dass sie die Dinge nach dem Gebet anders sehen, dass der eine vielleicht aus seiner Verteidigungshaltung rauskommt und der andere von der Anklageposition weg. Jetzt sind sie nicht mehr wegen finanzieller Dinge oder der Erziehung der Kinder miteinander verbunden, sondern durch den Glauben an Jesus, die stärkste Bindung, die es in diesem Universum gibt.

Spaltung, Zerstörung von Gemeinden, unüberbrückbarer Streit zwischen Freunden, Scheidung von Menschen, die sich einmal geliebt haben – all das wäre nicht mehr nötig, wenn wir uns wieder in Jesus finden würden. Denn er steht über allem, er hält alles zusammen, er ist das Haupt der Gemeinde, und alles hat in ihm seinen Bestand.

Tod und Krankheit haben bei Jesus keine Chance

Er ist der Anfang, der Erstgeborene aus den Toten.
Kolosserbrief, Kapitel 1, Vers 18

Karl lief dem Tod davon

Vor vielen Jahren erzählte mir mal ein Freund die Geschichte eines Mannes, der Karl hieß. Karl war zu seiner Zeit bestimmt einer der gesündesten Menschen, die jemals gelebt haben. Gab es irgendeinen neuen Gesundheitstipp – Karl kannte ihn. Gleich nach dem Aufstehen nahm er erst mal seine Vitaminpillen, natürlich alle aus natürlichen Rohstoffen. Dann kam das Vollkornmüsli von Dr. Öko, mittags nur Gemüse und abends Vollkornbrot. Er trank jeden Tag fünf Liter Wasser, manchmal vermischt mit Apfelsaft, aber nie Alkohol, auch kein Bier und keinen Wein. Drogen und Zigaretten hatte er noch nie angefasst. Aber seine eigentliche Leidenschaft war der Sport. Jeden Tag ging Karl im Park laufen. Karl joggte aber nicht nur irgendwie, er rannte für seine Fitness, er rannte für seine Gesundheit, er rannte um sein Leben. Es gab keinen Menschen, der so gesund lebte wie Karl. Aber dann, mit 43, passierte es eines Morgens, mitten im Park. Karl spürte einen starken Schmerz in der Brust und brach vor der Parkbank zusammen. Jede Hilfe kam zu spät. So starb Karl, der gesündeste Mensch der Welt, mit 43 Jahren an einer Herzattacke.

Gesundheit: ein wichtiges Thema

Gesundheit ist heute ein großes Thema. Ständig wird in den Medien über die Krankenkassen und über das Gehalt der Ärzte diskutiert. Man nennt die Ärzte auch »Halbgötter in Weiß«, weil sie fast so viel Macht wie ein Gott haben und dabei immer so einen schönen weißen Kittel tragen. Tatsächlich gibt es kaum einen Beruf, der heute so angesehen ist wie der des Arztes. Eine Umfrage vom Institut für Demoskopie, Allensbach, von 2008 ergab, dass die Deutschen vor einem Arzt mehr Respekt haben als vor einem Pastor oder einem Professor. Das Medizinstudium ist eins der härtesten, die die Uni zu bieten hat. Ein Student muss in den ersten Semestern unter anderem alle lateinischen Namen der einzelnen Muskeln auswendig können, die ein Mensch besitzt. Dafür verdienen die Ärzte auch ordentlich Kohle, ihr Job gehört zu den bestbezahlten Berufen in der westlichen Welt.

Überall eine Apotheke

Aber es gibt noch andere Hinweise, an denen man erkennen kann, wie wichtig das Thema Gesundheit in Deutschland ist. In Köln wohnten wir viele Jahre in Sülz. Zu unseren Nachbarn gehörten Berühmtheiten wie Stefan Raab, aber auch viele Studenten lebten dort. Ich denke, Sülz ist einer der beliebtesten Stadtteile in Köln. Von unserer Wohnung aus gesehen, lagen in geschätzter Nähe von einem Kilometer zwei Supermärkte, eine Drogerie und zwei Kneipen. Es gab aber sieben Apotheken, die sich zum Teil direkt gegenüberlagen! Und jede dieser Apotheken hatte einige Angestellte, die Läden schienen gut zu laufen, finanziell gab es da keine Probleme. Es ist wohl so, dass man mit dem Verkauf von Medikamenten heute ganz gut Geld verdienen kann. Rechnet man den Umsatz der zehn größten Pharmakonzerne der Welt zusammen, kommt man auf satte 253 Milliarden Dollar, die jährlich nur mit Artikeln umgesetzt werden, die Menschen für ihre Gesundheit kaufen.

Fitness-, Gesundheits- und Bioboom

Was aber zurzeit mindestens genauso boomt, sind die Fitnesscenter, ich hatte das ja schon einmal in einem vorherigen Kapitel erwähnt. Gesund leben, sich gesund ernähren, sportlich sein, das ist zurzeit total angesagt. Es gibt in Deutschland allein 530 Fitnesscenter mit rund 6000 Angestellten. Die Branche setzte im letzten Jahr rund 500 Millionen Euro um, man spricht von jährlichen Wachstumsraten von fünf Prozent und mehr. Dazu kommen Tausende von Bioläden, die überall eröffnen. Bio ist schwer im Kommen, selbst bei ALDI gibt es seit einiger Zeit Bioprodukte zu kaufen, weil die ja viel gesünder sind. Also hat auch die Wirtschaft diesen Trend entdeckt, setzt auf gesunde Ernährung und gesunde Bioprodukte.

Krankheiten sagen: Dein Körper ist sterblich

Ich finde gesunde Ernährung total gut, ich lasse auch selbst einiges an Geld im Bioladen, treibe viel Sport, und einmal die Woche kann man mich sogar im Fitnesscenter antreffen. Aber trotzdem glaube ich, dass dieser ganze Gesundheitstrip auch mit etwas zu tun hat, was ich einmal »Angst vor dem Tod« nennen will. Der Tod ist mit Sicherheit eine absolut reale Bedrohung für jeden Menschen. Krankheiten, die nicht geheilt werden, bringen uns dem Tod ein Stück näher. Man kann sogar an einer Grippe sterben, wenn man nicht die richtigen Medikamente im Haus hat. Jedes Mal, wenn wir krank sind, erinnert uns die Krankheit daran, dass wir sterblich sind und unser Körper irgendwann vergammeln wird. Wir leben so vor uns hin, und alles läuft super, bis wir plötzlich krank werden. Wenn du krank bist und Fieber hast, dann geht nichts mehr. Du musst dich ins Bett legen und kannst nicht mehr frei entscheiden, was du als Nächstes machen möchtest. Es ist nur noch angesagt, sich darum zu kümmern, wieder gesund zu werden. Ich hatte letztes Jahr eine derbe Grippe, die mich für drei Wochen komplett außer Gefecht setzte. Das Bett war der einzige Ort, wo ich noch sein konnte, und ich fühlte mich hundeelend. Der Mensch vergeht, der Körper ist anfällig für Krankheiten, und wir kommen dem Tod mit jedem Tag einen Schritt näher.

Dein Todesurteil steht schon fest

Ich glaube tatsächlich, dass sehr viele Menschen unbewusst vor dem Tod weglaufen, so wie Karl damals auch. Wir versuchen mit aller Kraft, unser Leben, sogar unsere Jugend zu verlängern, und wollen möglichst lange fit sein. Und das gelingt uns auch ganz gut. Noch nie war die Lebenserwartung so hoch wie zurzeit. In Mitteleuropa ist durch unser Bemühen in Sachen Hygiene und Gesundheit das durchschnittliche Sterbealter seit Mitte des 18. Jahrhunderts um ganze 40 Jahre gestiegen.

Aber auf der anderen Seite steht das Todesurteil für jeden schon fest. Du wirst sterben, jeder wird irgendwann sterben, der eine früher und die andere später.

Die Bibel, zum Beispiel der Römerbrief, beschreibt den Tod an manchen Stellen fast so, als wäre er eine unsichtbare Macht. Es scheint, als hätte der Tod eine dunkle schwarze Persönlichkeit. In der Kunst und auch in der

Literatur gibt es immer wieder Bilder davon, wie diese Macht des Todes aussieht. Mal geht er in einem schwarzen Mantel und mit einer Sichel in der Hand nachts durch die Stadt. Dann wieder hat er eine andere, fiese Fratze auf und zieht die Menschen in ein dunkles Loch.

Der Tod: eine unsichtbare Macht

Ich erlebe den Tod auch als eine unsichtbare Macht, die jedem Menschen irgendwann einmal begegnet. Bewusst wird er uns nicht immer, wir nehmen ihn manchmal viele Jahre lang nicht wahr. Aber immer dann, wenn ein guter Bekannter oder jemand aus der Familie gestorben ist, dann lacht der Tod uns hämisch an.

Ich weiß noch, wie vor Jahren meine Tante beerdigt wurde und die Freunde und Verwandten sich auf dem Friedhof versammelt hatten. Man steht dort am Grab, und plötzlich wird einem bewusst, dass man diesen Menschen nie mehr wieder sehen wird. Er ist weg, er ist gestorben, er ist im Land des Todes. Egal, wie sehr man sich nach ihm sehnt, wie gern man noch einmal mit ihm sprechen oder ihn wenigstens noch einmal kurz umarmen würde – es geht einfach nicht. Die Macht des Todes ist groß, die Linie messerscharf, und wer drübergegangen ist, wird nie mehr zurückkommen. In solchen Momenten wird einem auch die Endgültigkeit des Todes richtig heftig bewusst.

Ein Unfall mit tödlichen Folgen und göttlicher Hoffnung

1992 war ich einmal mit Freunden in Leonberg. Wir waren auf dem Rückweg nach Hamburg auf der A7. Mein Freund fuhr mein Auto, weil ich zu müde war und ihn fahren lassen wollte. Kurz vor Hamburg versuchte er ein Überholmanöver, weil der Wagen vor ihm zu langsam war. Gerade, als er links rüber wollte, kam ein nachfolgendes Auto mit 180 Stundenkilometer aus dem toten Winkel angeschossen. Ruckartig lenkte er den Wagen wieder zurück auf die rechte Bahn. Plötzlich geriet das Auto ins Schlingern und wurde schließlich unkontrollierbar. Wir drehten uns einige Male um die eigene Achse und kamen verkehrt herum in der Mitte der Fahrbahn zum Stehen. Hinter mir saß ein Mädchen, das erst seit einigen Monaten in unserer Gemeinde war. Esther, so hieß sie, war eine lebenslustige, junge Frau, die wir alle sehr mochten. Sie war erst vor wenigen Wochen eine Christin geworden und glaubte ganz fest an Jesus. Esther stieg aus dem Wagen aus und wollte zum sicheren Seitenstreifen laufen. Dabei stolperte sie, fiel hin und wurde von einem nachfolgenden Auto direkt vor unseren Augen erfasst. Vermutlich war sie auf der Stelle tot. Wir standen geschockt am Straßenrand. Ich lief zu ihrer Leiche rüber und konnte das Blut sehen, das aus einer offenen Wunde in der Rippengegend strömte. Aber sie hatte die Augen geschlossen und lag dort total friedlich, fast so, als würde es ihr gutgehen. Dieses Erlebnis war sehr heftig für uns alle. Keiner konnte fassen, was dort gerade passiert war. Und doch waren wir in dem Augenblick nicht ohne Hoffnung. Wir wussten, dass Esther an Jesus geglaubt und mit ihm gelebt hatte. Und Jesus hat die Macht des Todes ein für alle Mal besiegt. »Esther ist jetzt bei Jesus, und wir werden sie einmal wiedersehen«, sagte einer der Jungen und weinte. So hart die Situation auch war, wir wussten alle: Er hatte recht. Wir brauchten uns keine Sorgen um sie zu machen. Sie war jetzt bei Jesus, und der ist »der Erstgeborene aus den Toten«, er hat den ewigen Tod besiegt.

Jesus hat den Tod besiegt

Kein Christ braucht mehr Angst vor dem Sterben zu haben, weil Jesus stärker ist als der Tod. Das ist es, was Paulus in diesem Vers aus seinem Brief an die Kolosser noch mal klarmachen will. »Er ist der Anfang, der Erstgeborene von den Toten«, schreibt er. Was für eine krasse und heftige Nachricht! Was ich jetzt schreibe, ist wirklich wichtig, wenn es auch auf den ersten Blick nicht so leicht zu verstehen ist. Diese Sache hat denselben Stellenwert wie das Thema aus dem Kapitel, wo es um das Sündenproblem geht, das Jesus für die Menschen gelöst hat. Viele Leute haben das noch nie gehört, oder sie haben es schon hundertmal gehört, aber noch nie wirklich kapiert. Einige Theologen sagen, dass Jesus drei wichtige Dinge für die Menschen getan hat. Das erste ist, den Menschen zu zeigen, wie Gott wirklich ist. Das zweite ist, das Sündenproblem der Menschen zu beseitigen. Und das dritte ist, dass er die Macht des Todes ein für alle Mal besiegt hat.

Ich will das noch mal besser erklären, aber dazu ist es wichtig, sich vorher die Erzählung aus der Bibel durchzulesen, wo genau beschrieben wird, wie Jesus das getan hat. Hier kommt jetzt die Fassung aus der Volxbibel mit der Überschrift: »Das Grab ist leer«. Sie steht im Lukasevangelium im letzten Kapitel, da sind es die ersten 35 Verse. Wenn dir die Stelle gut bekannt ist, kannst du auch ab dem nächsten Absatz weiterlesen. Wenn nicht, dann lies dir die Geschichte noch einmal durch, denn sie ist sehr wichtig.

Das Grab ist leer

1 Am Sonntag, als der religiöse Feiertag Sabbat vorbei war, gingen die Frauen ganz früh mit dem ganzen Zeug für die Einbalsamierung wieder zum

Grab. 2 Als Erstes sahen sie, dass der Stein, der vor
dem Grab lag, weggerollt war. 3 Vorsichtig gingen
sie in die Grabkammer und bemerkten sofort: Sie
war leer! 4 Verwirrt redeten sie darüber, was man
jetzt tun sollte, als plötzlich zwei Männer in krass
strahlend weißen Mänteln vor ihnen standen. 5 Pa-
nisch sahen sie auf den Boden, weil sie sich nicht
trauten, diesen besonderen Männern in die Augen zu
sehen. Einer von denen fragte sie: »Was macht ihr
hier? Warum sucht ihr jemanden, der lebt, an einem
Ort, wo nur Tote liegen? 6 Jesus ist nicht hier! Er ist
wieder lebendig geworden! Schon vergessen, was er
euch in Galiläa gesagt hat? 7 Er meinte doch: ›Der
Menschensohn(*) muss an Leute ausgeliefert wer-
den, die Gott dissen. Sie werden ihn töten, aber nach
drei Tagen feiert er sein Comeback, er wird von den
Toten auferstehen.‹« 8 Jetzt kam's den Frauen wie-
der. 9 Sie rannten, so schnell es ging, zurück in die
Stadt, um den elf Schülern von Jesus und den ande-
ren Freunden zu erzählen, was sie gerade erlebt hat-
ten. 10 Zu den Frauen, die dabei waren, gehörten
Maria Magdalena, Johanna und Maria, die Mutter
von Jakobus. 11 Den Schülern kam die ganze Ge-
schichte aber echt strange vor. Sie konnten das ein-
fach nicht glauben. 12 Nur Petrus ging aus dem
Haus, um das Grab zu untersuchen. Er beugte sich
rein und konnte auch nichts weiter als die leeren Tü-
cher da rumliegen sehen, in denen die Leiche ein-
gewickelt gewesen war. 13 Zwei von seinen Schülern
waren an dem Tag auf dem Weg nach Emmaus, das
etwa zehn Kilometer von Jerusalem entfernt liegt.
14 Auf dem Weg sprachen sie die ganze Zeit über
das, was in den letzten Tagen passiert war. 15 Mitten
im Gespräch war Jesus plötzlich auch bei ihnen und
ging neben ihnen her. 16 Sie waren aber so verpeilt,

dass sie nicht kapierten, wer das war. 17 »Worum geht es gerade?«, fragte sie Jesus. Die beiden blieben voll traurig stehen. 18 Der eine von ihnen (der Kleopas hieß) meinte zu ihm: »Mann, Sie sind wohl der einzige Mensch in Jerusalem, der die neusten Nachrichten noch nicht gehört hat?!« 19 »Was für Nachrichten meint ihr denn?« – »Das, was mit Jesus passiert ist, dem Typen aus Nazareth! Er war voll der Prophet, er kam direkt von Gott, er hat irre Wunder getan und heftige Worte zu uns gesprochen. 20 Aber die Chefetage, die obersten Priester und die anderen Leiter, haben ihn an die Römer ausgeliefert. Er wurde zum Tod verurteilt, und man hat ihn an einem Kreuz hingerichtet. 21 Dabei hatten wir so sehr gehofft, dass er der Auserwählte wäre, der Christus, der Israel in die Freiheit führt. Das alles ist vor drei Tagen abgegangen. 22 Heute Morgen waren zwei Frauen von unserer Gruppe bei seinem Grab. Schon vor dem Sonnenaufgang waren sie da, aber sie konnten ihn nicht mehr finden. 23 Stattdessen trafen sie dort zwei seltsame Männer, vielleicht Engel, und die erzählten, dass Jesus leben würde! 24 Ein paar von uns haben das gleich abgecheckt. Sie sind dort hingelaufen, konnten aber auch keine Leiche mehr finden. Es war genau so, wie die Frauen es erzählt hatten.« 25 Jesus war etwas fassungslos: »Mann, warum kriegt ihr das nicht gebacken? Warum ist das so schwer vorstellbar, was die Propheten in den alten Schriften vorhergesagt haben? 26 Haben sie nicht die Ansage an alle gemacht, dass der Auserwählte durch diesen ganzen Dreck durch muss, damit Gott ihn auch zum Meister über alles, was es gibt, machen kann?« 27 Und dann erklärte Jesus den beiden die ganze Geschichte, was in den heiligen Schriften über ihn gesagt wurde, von den Büchern vom Mose bis zu

den Prophetenbüchern. 28 Als sie kurz vor Emmaus
waren, tat Jesus so, als wollte er sich von den beiden
verabschieden. 29 Die beiden fragten ihn aber: »Wol-
len Sie nicht noch hier übernachten? Es wird ja schon
dunkel draußen!« Also blieb er noch eine Weile bei
ihnen. 30 Als sie sich dann zum Essen hinsetzten,
nahm Jesus etwas von dem Brot, betete darüber, zer-
teilte es und gab die Stücke an die anderen weiter. 31
Und ganz plötzlich erkannten sie, dass es Jesus war.
Aber in der Sekunde löste er sich in Luft auf und
verschwand! 32 Plötzlich war alles ganz klar. »In
uns drin haben wir doch voll gespürt, dass es Jesus
war, der da mit uns geredet hat, oder? Als er uns aus
den alten Schriften zitiert hat, da wurde mir ganz
anders!« 33 Sofort machten sich die beiden auf
den Weg nach Jerusalem, obwohl es schon richtig
dunkel geworden war. Als sie bei den elf Schülern
ankamen, die sich gerade alle dort trafen, 34 kam
schon gleich die Nachricht an: »Jesus ist wirklich
zurückgekommen! Petrus hat ihn getroffen!« 35
Jetzt erzählten die beiden ihre Story, dass sie Jesus
auf dem Weg nach Emmaus gesehen hatten und dass
sie das erst gepeilt hatten, als er an sie das Brot wei-
tergab.

Jesus lebt

Soweit die Erzählung aus der Bibel. Man muss sich das mal in Ruhe vorstellen. Jesus wird übelst hingerichtet, stirbt unter derben Qualen an diesem Kreuz. Anschließend wird er in ein Grab gelegt und liegt dort tagelang mausetot. Und dann kommt er tatsächlich wieder zum Leben, wandert herum, redet mit Leuten und geht mit denen sogar später noch was essen! So wird es uns in der

Bibel beschrieben, und ich glaube, dass es wirklich genau so passiert ist (warum ich das glaube, hab ich schon am Anfang des Buches erklärt, bitte einfach noch mal nachschlagen).
Aber selbst, wenn es diesen Bericht nicht in der Bibel geben würde, könnte ich aus meinen eigenen Erfahrungen bestätigen, dass Jesus wirklich den Tod besiegt hat. Warum? Na ja, ich rede fast jeden Tag mit ihm, und er scheint mir auch zuzuhören. Ich merke das immer dann, wenn ich ihn um etwas bitte, und dann passiert genau das, worum ich ihn gebeten habe. Teilweise konnte ich in den letzten Jahren richtige Wunder erleben. Wenn Jesus tot wäre, hätten diese Wunder nicht passieren können, denn er hätte mich ja nicht beten gehört.
Viele Milliarden Menschen auf der Welt können das bestätigen. Jesus gibt es wirklich, er existiert, er ist nicht mehr tot, er lebt!

Wenn das stimmt, brauchen wir keine Angst mehr vor dem Tod zu haben

Ich wünsche dir sehr, dass du das auch glauben und erfahren kannst. Denn wenn du das glaubst oder auch nur ahnst, dann kann das in Konsequenz für dich nur bedeuten: Du brauchst keine Angst mehr vor dem Tod zu haben! Wir brauchen auch nicht mehr länger vor dem Tod wegzulaufen. Und wir brauchen uns keine Sorgen mehr zu machen, wenn wir krank werden oder Falten kriegen und immer älter werden. Die Jesusleute werden mit Jesus seinen Sieg über den Tod feiern können!
Paulus war ein heftiger Christ, der neben dem Kolosserbrief, den wir jetzt schon ein wenig kennengelernt haben, auch noch andere Briefe geschrieben hat, die in der Bibel stehen. Er schreibt zum Thema Tod auch ein paar treffen-

de Sätze im ersten Brief an die Korinther, im 15. Kapitel, Vers 20 bis 22. Dort steht:

> *»20 Jesus Christus hat es aber als Erster gepackt, er hat den Tod besiegt und ist wieder lebendig geworden! 21 Genauso, wie mit einem Menschen der Tod in die Welt kam (ich meine jetzt den Adam), so kam durch einen Menschen, Jesus Christus, der Durchbruch in Sachen Auferstehung. 22 Die Menschen müssen alle mal sterben, weil sie mit Adam verwandt sind. Und mit Christus werden alle wieder lebendig gemacht, die mit ihm eine echte Beziehung haben. Sie bekommen eine neue Chance zu leben.«*

Und in Vers 54 bis 57 schreibt Paulus weiter:

> *»54 Wenn das mit uns abgegangen ist, diese Verwandlung von einem Körper, der vergammelt, zu einem guten neuen Körper, der unverwüstlich ist, dann ist die Ansage aus den alten Schriften erfüllt worden. Da heißt es nämlich: ›Das Leben hat den Tod besiegt! 55 Tod, was ist nun mit deinem Sieg? Und Tod, wie willst du uns jetzt noch Angst machen?‹ 56 Denn der Mist, den wir bauen, die Sachen, die uns von Gott fernhalten, die sorgen dafür, dass wir sterben. Und die Regeln aus dem alten Buch sorgen dafür, dass sich die Power vom Tod schon jetzt in unserem Leben breit macht, weil wir daran merken, dass wir die Dinge tun, die für Gott nicht okay sind. 57 Danke, Gott! Durch Jesus ist uns der Sieg über dieses Problem sicher!«*

Das fasst es eigentlich ganz gut zusammen, was vor über 2000 Jahren passiert ist und was das für eine Bedeutung für uns heute haben kann. Es gibt niemanden, von dem so etwas berichtet wird. Jesus war drei Tage tot, aber er ist wieder lebendig geworden! Wir feiern das zwar alle zu Ostern, aber kapieren tun wir das nicht. Denn wenn dem so wäre, hätten wir alle Osterhasen schon längst in den Müll geschmissen.

Nicht nur der Tod, auch Krankheit kann uns keine Angst mehr machen

Durch Jesus wurde das Problem Tod ein für alle Mal aus der Welt geschafft! Jeder Mensch, der mit Jesus eine Beziehung hat, braucht keine Angst mehr vor dem Tod zu haben. Der Tod hat verloren, er kann uns keine Furcht mehr einjagen! Wer mit Jesus unterwegs ist, braucht vor dem Tod nicht mehr wegzulaufen. Jesus hat den Tod besiegt und ihm die Macht genommen.

Bei Jesus hatte auch die Krankheit als Vorbote des Todes nie eine Chance. Das bedeutet, dass man auch ganz vertrauensvoll zu ihm beten kann mit der Bitte, dass er einen von einer Krankheit heilt. Immer wieder werden Menschen aus unterschiedlichen Gründen krank, und viele werden auch nicht geheilt, obwohl sie Gott um eine Heilung bitten. Trotzdem sollte das niemanden davon abhalten, darum zu beten.

Jesus ist das Leben, er ist das Leben in Person. Er hält die Schlüssel in der Hand, er kennt den PIN-Code, durch den wir die Tür zu einem Leben öffnen können, das nie mehr aufhören wird.

Glaubst du an das Leben vor dem Tod?

Dieses Leben fängt aber schon vor dem Tod an, hier auf der Erde, und nicht erst nachher! Wenn wir uns auf Jesus einlassen und er immer mehr Raum in unserem Leben bekommt, dann breitet sich seine Kraft in uns immer weiter aus – so, wie ein Räucherstäbchen seinen Geruch in der Wohnung verbreitet. Ich lebe jetzt viele Jahre mit Jesus und habe das Gefühl, dass ich mit jedem Jahr immer lebendiger werde. Diese innere Kraft nimmt zu, weil das Leben in mir zunimmt. Der Tod kann mir keine Angst mehr machen, denn wenn ich mal sterbe, dann wird es sogar noch besser als jetzt. Das sind doch geniale Aussichten, oder? Ich finde Sport toll und würde gern mehr joggen, wenn ich könnte. Auch eine gesunde Ernährung finde ich total wichtig, und ich nehme sogar jeden Tag ein Bio-Vitaminpräparat. Aber ich kann das alles ganz entspannt machen, weil es mir Spaß bringt und weil mir mein Körper als Geschenk von Gott wichtig ist. Ich muss vor nichts weglaufen, und schon gar nicht vor dem Tod. Der Tod verliert seine Macht, wenn Jesus das Zentrum des eigenen Lebens wird.

Der Tod hat auch eine zweite Stimme: Selbstmordgedanken

In vielen Unterhaltungen, besonders auch mit Jugendlichen, ist mir noch eine andere Stimme des Todes begegnet. Neben der einen Stimme, die uns Angst macht und vor der wir weglaufen, gibt es auch noch eine dunkle, dämonische Stimme, die uns in den Tod locken will. Sie ist sehr verführerisch, süß, und ich denke, dass fast jeder sie schon mal gehört hat. Diese Stimme redet immer dann zu uns, wenn wir nicht mehr weiterwissen und total am Ende sind. Wenn dein Leben gegen die Wand gefahren ist und du

keinen Ausweg mehr weißt, dann scheint der Tod plötzlich eine attraktive Alternative zu sein. Auch wenn es dir ständig schlechtgeht und du schon ewig lang schlimme Depressionen hast, dann wird diese Stimme immer lauter und verlockender. Oder du bist unglücklich verliebt und dein Herz scheint zu zerbrechen, dann kommt diese süßliche Stimme bei dir an. Ich habe dieser Stimme des Todes auch schon einige Male zugehört. Sie sagt dann: »Ach komm, was soll der ganze Mist? Beende dein Leben! Nimm dir den Strick! Hol dir die Schlaftabletten! Wirf dich vor die Bahn! Dann ist der ganze Schmerz vorbei. Dann musst du dich nicht mehr die ganze Zeit so elend fühlen!« Diese Stimme schwirrt über der Depression wie ein Schwarm Fliegen über der Hundescheiße.
Manchmal kommt die Stimme auch in Verbindung mit Rachegedanken. Als ich noch ein kleiner Junge war, hatte ich einmal ein großes Problem mit einem Mädchen. Ich war total verliebt in sie, aber das Mädchen wollte einfach nichts von mir wissen. Einer meiner Lieblingstagträume war, dass ich mir nachts im Klassenzimmer die Pulsadern aufschneide. Neben meiner Leiche sollte dann ein Brief liegen, in dem ich meine hoffnungslose Situation schildere und beschreibe, wie sehr ich dieses Mädchen geliebt habe. Irgendwie dachte ich, sie würde mich dann wenigstens im Tod lieben, weil ich ihr mit diesem Selbstmord meine Liebe bewiesen hätte. Was für ein gigantischer Schwachsinn. Ich hatte zu lange dieser verlockenden Stimme zugehört.

Selbstmord: die häufigste Todesursache von Menschen unter zwanzig

Vielleicht denkst du: »Das ist eine Nummer zu abgefahren.« Aber hör dich mal um: Es gibt viele Leute, die sich wegen einer unbeantworteten Liebe das Leben nehmen.

Und Depression ist eine Volkskrankheit. Dieser innere Schmerz kann so groß werden, dass man nicht mehr leben will. Ich kannte ein Mädchen, das diesen inneren Schmerz nicht länger ertragen konnte. Darum schnitt sie sich mit einem Rasiermesser viele kleine Wunden in den Arm, um diesen inneren Schmerz zu überlagern. Auf die Frage, warum sie das macht, meinte sie: »Wenn ich den äußeren Schmerz spüre, tut der innere Schmerz nicht mehr so weh!« Der Tod nutzt solche Situationen aus und spricht mit der verlockenden Stimme zu uns. Nach einer Statistik ist Selbstmord die häufigste Todesursache für Menschen unter zwanzig. Die Weltgesundheitsorganisation (WHO) hat erst vor kurzem bekanntgegeben, dass sich weltweit jedes Jahr etwa eine Million Menschen selbst töten. Das bedeutet: Alle 40 Sekunden findet auf der Welt ein Selbstmord statt. Auf jeden erfolgreichen Selbstmord zählte die WHO 20 Selbstmordversuche, die nicht geklappt haben.

Ist die Hölle ein überdimensionaler Grill in der Unterwelt?

Das Problem ist nur: Der Tod lügt! Er erzählt nicht die Wahrheit. Er verspricht etwas, was er nicht halten kann. Es gibt unterschiedliche Berichte von Menschen, die Nahtoderfahrungen gemacht haben. Man muss diese Berichte mit Skepsis hören, denn wenn der Tod ein Lügner ist, wird er auch hier den Menschen etwas vorlügen. Einige Menschen erzählen, dass es ganz toll war im »Land der Toten«. Sie haben ihre Oma wiedergesehen, und es ging ihnen gut. Aber die weitaus meisten Leute berichten genau das Gegenteil. Sie haben einen ewig dunklen Ort gesehen, wo es sehr unangenehm war. Es war ein Ort der ewigen Einsamkeit, man konnte mit niemandem reden und war allein. In dieser Totenwelt ist man getrennt vom Leben, denn man ist getrennt von Gott. Und ich denke, das ist die eigentliche Hölle. Viele Leute stellen sich vor, die Hölle wäre ein Ort, wo ein fieser Typ mit roter Haut und zwei Hörnern auf dem Kopf Menschen den ganzen Tag auf einem glühenden Grill röstet. Das ist eher der Fantasie eines Malers entsprungen. Die eigentliche Qual, die Menschen in der Hölle erleben, ist die Trennung von der absoluten Liebe, das Entferntsein von Gott. Sie würden gern zum Licht, sie würden gern in dieses andere Land, wo die Liebe ist, aber sie können nicht dorthin. Man muss sich das so vorstellen, als wäre man den ganzen Tag in der Sonne gewesen und hätte jetzt einen Mörderdurst. Ein großes Glas mit eisgekühlter Cola steht direkt auf dem Tisch. Aber man kann es nicht trinken, weil man mit den Armen an einen Stuhl gefesselt ist, man kommt nicht an dieses Glas ran. Der Durst quält unheimlich, man versucht mit aller Kraft, an das Glas zu kommen, aber es geht nicht.

Wie beschreibt Jesus die Hölle?

Es gibt eine Geschichte im Neuen Testament, da erzählt Jesus von einem reichen Mann, der in der Hölle gelandet ist. Die meisten Theologen gehen davon aus, dass Jesus hier kein Gleichnis gebraucht hat, wie er es sonst oft getan hat. Bei Gleichnissen hat er ja immer eine bestimmte Story erzählt, um sie dann mit einer Situation aus dem Leben zu vergleichen (Gleichnis = Vergleich). Aber die Erzählung von Lazarus war offensichtlich genau so gemeint, wie Jesus sie erzählt hat. In dieser Story geht es um diesen reichen Mann und um einen Mann, der Lazarus heißt. Beide waren gleichzeitig gestorben und wachten an unterschiedlichen Orten wieder auf: der eine im Himmel und der andere in der Hölle. Die Geschichte steht im Lukasevangelium im 16. Kapitel.

Die Geschichte mit dem reichen Mann und dem armen Lazarus

19 Es gab mal einen schwerreichen Mann, der trug immer nur die teuersten Klamotten von Armani und lebte im totalen Luxus. 20 Direkt vor seinem Haus wohnte ein Penner, der Lazarus hieß. Lazarus war schwerkrank, hatte überall offene Geschwüre und so. 21 Lazarus ernährte sich vom Müll, den er aus der Tonne vom reichen Mann fischte. Um ihn herum lebten Hunde, die oft ankamen und seine offenen Wunden ableckten, wenn er schlief. 22 Schließlich starb der Lazarus und wurde von ein paar Engeln abgeholt, die ihn zu Abraham brachten; an einen Ort, wo alles gut wird. Auch der reiche Mann starb und wurde beerdigt. 23 Als er dann im Totenreich ankam und es ihm dort total ätzend ging, sah er ganz weit weg Lazarus, wie der sich in Abrahams Arme kuschelte. 24 Da brüllte er los: »Lieber Vater Abraham, bitte hilf mir! Sag doch dem Lazarus, er soll mir nur mal einen Spritzer Wasser vorbeibringen, damit ich wenigstens meine Lippen etwas nass machen kann! Ich leide hier Höllenqualen!« 25 Abraham sagte: »Mein Sohn, hast du schon vergessen, wie gut es dir im Leben ging? Du hattest wirklich alles, was du wolltest, Lazarus hatte aber nichts. Jetzt ist es umgekehrt, ihm geht es gut und dir schlecht. 26 Außerdem ist da ein Riesengraben zwischen uns. Keiner kann da so mal eben rüber, selbst wenn er es wollte. Umgekehrt ist es genauso.« 27 »Okay, Abraham, aber dann bitte ich dich inständig, Lazarus zum Haus meiner Eltern zu schicken. 28 Ich hab fünf Brüder, und ich möchte nicht, dass sie auch hier lan-

den, an diesem üblen Ort, und sich quälen müssen,
wenn sie sterben!« 29 Abraham schüttelte den Kopf:
»Die sind schon mehr als genug von Mose und den
Propheten gewarnt worden. Wenn sie sich richtig in-
formiert hätten, wüssten sie Bescheid.« 30 Der Rei-
che fing an zu diskutieren: »Aber Abraham, wenn sie
jetzt einem Toten begegnen würden, der ihnen sagt,
was Sache ist, dann würden sie bestimmt ihr Leben
ändern!« 31 »Also, wenn sie auf Mose und die Pro-
pheten nicht gehört haben, dann wird sie ein Toter
auch nicht überzeugen können.«

Welche Erkenntnisse kann man aus dieser Geschichte ziehen? Erst mal wird klar, dass dieser Ort nicht besonders schön ist. Er ist ätzend, übermäßig heiß, es macht keinen Spaß, dort zu sein. Zweitens wird deutlich: Wenn man in der Hölle gelandet ist, dann will man am liebsten sofort wieder weg. Man hat Durst und bekommt nichts zu trinken. Und drittens kann man erkennen, dass man von dort auch den anderen, den guten Ort bei Gott sehen kann. Dieser andere Ort ist sehr angenehm. Man kann sich in die Arme von anderen kuscheln, zum Beispiel in die Arme von Abraham. Aber es gibt niemals mehr eine Chance, da hinzukommen, die Grenze ist unüberbrückbar. Weil Gott nicht in der Hölle ist, gibt es dort auch kein Leben, keine Freude, keine Liebe und kein Lachen. Es muss der schrecklichste Ort sein, den es überhaupt gibt. Ich wünsche niemandem, dort zu landen.

Darum glaube ich, dass diese verlockende, zweite Stimme des Todes eine Lügenstimme ist, die nicht die Wahrheit sagt. Wenn du diese Stimme manchmal hörst, dann musst du wissen, dass sie lügt. Selbstmord ist nie gut, er ist immer schlecht. In dieser Sache sind sich übrigens alle Religionen einig. Selbst im Buddhismus wird gesagt, dass Leute, die ihr Leben selbst beenden, an einem total schlimmen Ort landen werden. Und trotzdem ist diese verlockende Stimme des Todes oft sehr laut und übertönt alles, sogar die Angst.

Aber ich bin mir ganz sicher: Wenn Jesus den Tod besiegt hat, dann hat er auch diese Stimme des Todes besiegt! Jesus hat eine Antwort auf Depression und Selbstmordgedanken. Er kann Hoffnung geben, Frieden und ein neues Lebensgefühl.

Wenn du diese Stimme kennst und sie vielleicht sogar zu einer echten Bedrohung für dich geworden ist, dann musst du unbedingt weiterlesen. Denn im letzten Kapitel kannst du genau erfahren, wie Jesus auch in deinem Leben den Tod für immer besiegen wird. Vielleicht wäre es auch gut für dich, wenn du dir Hilfe von einem Profi holst, der sich mit solchen Depressionen auskennt und auch an Jesus glaubt. Eins ist für mich ganz sicher: Jesus ist stärker als der Tod, und er wird dir aus dieser Sache raushelfen.

An Jesus glauben bedeutet, mit dem Leben persönlich verbunden zu sein. Die Quelle, aus der das Leben kommt, ist in Jesus.

Es macht Spaß, ein Christ zu sein, denn dann bist du mit dem Leben selbst verbunden, mit Jesus!

SPIDERMAN UND DIE WUNDER VON JESUS

Meine Schwester hat vor einigen Jahren einen süßen kleinen Jungen bekommen. Benjamin, so heißt er, ist mittlerweile fünf Jahre alt und geht jeden Tag in den Kindergarten. Da meine Schwester eine Christin ist, wollte sie natürlich, dass ihr Sohn auch an Jesus glaubt. Neulich fragte sie Ben, wer denn der tollste und mächtigste Mensch ist, der jemals gelebt hat.
Die Antwort kam dann doch etwas überraschend: »Das ist Spiderman!«
Jesus ist zum einen dafür berühmt geworden, dass er unheimlich viele wichtige Sachen gesagt hat. Seine Predigten haben das Denken von Millionen von Menschen geprägt. Die Maßstäbe, die er gesetzt hat, kann man heute in den Gesetzen von vielen Staaten in der Welt wiederfinden. Vermutlich gibt es niemanden, der jemals die Einstellung von so vielen Menschen so beeinflusst hat wie Jesus.
Was ihn aber damals wie heute so besonders macht, sind nicht allein seine Worte, sondern auch seine Taten. Vieles von dem, was uns überliefert wurde, ist bis heute für die meisten Menschen unvorstellbar.

Was ist ein Wunder?

Von einem Wunder spricht man immer dann, wenn etwas passiert, was wissenschaftlich und mit Naturgesetzen nicht erklärbar ist. Das Wort »Wunder« hängt ja auch zusammen mit »sich wundern«.
Vielen Leuten ist bekannt, dass Jesus heftige Wunder getan hat. Ich finde: Wenn wir mehr über Jesus wissen wollen, ist es wichtig, dass wir uns auch einmal einige seiner krassesten Wunder anschauen. Denn auch dadurch wird unser Bild von Gott in ein anderes Licht gerückt. Wenn du gehört hast, dass Jesus so ein Wunder tun kann, stärkt das auch deinen eigenen Glauben. Es kann jedem helfen, von Gott mehr zu erwarten als bisher.

Wunder bestätigen, dass Jesus Gott ist

Zu der Zeit, in der Jesus gelebt hat, war es klar, dass ein Mann mit so einem Auftrag von Gott auch durch Wunder bestätigt werden muss. Jedes Wunder, das in seinem Dienst passiert ist, war also auch von der Aussage her wichtig. Gott hat durch die vielen Wunder, die Jesus getan hat, ganz deutlich gemacht, dass dieser Zimmermann tatsächlich sein Sohn ist. Das ist noch heute so. Menschen können nicht glauben, dass es Gott gibt, bis sie dann plötzlich ein Wunder erlebt haben. Mit dem Wunder wird die ganze bisherige Realität verändert. Plötzlich erkennt man, dass Jesus wirklich etwas draufhat, dass er Dinge tut, die naturwissenschaftlich nicht erklärbar sind.

Wunder wurden aus der Kirche verbannt

In der Kirchengeschichte kann man lesen, dass es noch viele Jahre, nachdem Jesus verschwunden und im Himmel war, überall zu krassen Wundern kam. Menschen wurden geheilt, nachdem für sie gebetet wurde. Naturgewalten veränderten sich, weil Christen zu Jesus beteten. Tote fingen wieder an zu leben, weil Jesusleute ihnen die Hände aufgelegt hatten. Diese Zeit hat, so vermutet man, bis ins zweite Jahrhundert angedauert.

In den Gottesdiensten der ersten Christen ging es total ab! Wenn die Leute dort zusammen waren, wirkte die Kraft von Gott, und es passierten Wunder. Manchmal fingen auch Christen damit an, Dinge von Gott zu hören und weiterzugeben, wie man es früher von den großen Propheten kannte. Irgendwann starben aber die Leute aus der Generation, die Jesus noch erlebt hatte. Plötzlich verschoben sich die Werte in der Gemeinde, der Glaube hatte immer mehr mit »Erkenntnissen« zu tun und immer weniger mit Wundern und Taten. Dann wurden Leitungsstrukturen eingeführt, die Verantwortung und Macht auf wenige Leute verteilten. Aus Angst vor sektiererischen Einflüssen begründete man den Glauben immer mehr durch fassbare Dinge als durch etwas Übernatürliches. Das Misstrauen gegenüber Wundern und ungeplanten Ereignissen wuchs immer mehr. Darum fing man damit an, feste Ordnungen und Regeln, also eine »Liturgie«, im Gottesdienst einzuführen.

Wunder gibt es noch heute

Trotzdem sind durch die Jahrhunderte immer wieder viele echte Wunder in den Kirchen passiert. Wenn sich die Menschen auch verändert haben, Gottesdienste und

kirchliche Organisationen zum Teil starr und unbeweglich geworden sind, so ist Gott immer noch derselbe. Mit der Kraft von Jesus können heute Dinge geschehen, die für uns wissenschaftlich nicht erklärbar sind.
Oft brauchen wir auch ein Wunder. Wenn nichts mehr geht und alles Menschenmögliche getan wurde, bleibt ja auch nichts anderes übrig, als um ein Wunder zu beten. Jeder Mensch kennt Situationen, in denen er mit dem Rücken zur Wand steht und nicht mehr weiterweiß.
Ich möchte im Folgenden ein paar von den Wundern auflisten, die uns von Jesus in der Bibel überliefert wurden.

Heilungswunder

Die bekanntesten Wunder, die Jesus getan hat, waren wohl seine Heilungen. In der Bibel finden wir etwa 20 Berichte darüber, dass er jemanden gesund gemacht hat. In dem Bibelbuch von Markus wird berichtet, dass eine ältere Frau starkes, lebensbedrohliches Fieber hatte. Jesus ging zu ihr hin und berührte nur ihre Hand. Danach war die Frau sofort geheilt. Sie stand auf, ging in die Küche und machte was zu essen.
Einige Verse später wird von einem Mann berichtet, der Lepra hatte. Lepra ist eine tödliche Infektionskrankheit, die durch ein Bakterium ausgelöst wird. Jesus berührte ihn nur einmal kurz und sagte so was wie: »Sei gesund.« Eine Sekunde später war die Krankheit wie weggeblasen.
Ein Kapitel später kann man lesen, wie Jesus jemanden heilte, der komplett gelähmt war. Vier Leute mussten den Mann tragen. Weil der Raum, in dem Jesus gerade eine Predigt hielt, so rappelvoll war, stiegen sie einfach mit ihrem Freund auf das Dach. Von dort oben ließen sie ihn auf seiner Trage durch ein Loch in der Decke in den Raum runter. Jesus sagte nur zu ihm: »Deine Sünden sind dir

vergeben«, und später: »Steh auf, nimm deine Sachen und geh nach Hause.« Der Typ sprang sofort auf, packte die Trage unter seinen Arm und spazierte zur Tür raus.

Dann gibt es da noch die Geschichte von einer Frau, die ununterbrochen ihre Tage hatte. Sie musste Jesus nur einmal berühren, als der gerade durch die Menschenmenge ging, und wurde sofort gesund.

Zwei Sachen muss ich noch erzählen. Johannes berichtet in der Bibel (Johannes 9,1–8) von einem Wunder, wo jemand geheilt wurde, der schon als Baby blind war. Jesus machte es hier etwas anders als sonst. Er spuckte auf die Erde und formte dann einen Brei aus Spucke und dem Dreck, der dort lag. Diesen Brei strich er auf die Augen des Blinden und sagte ihm, er sollte sich anschließend mal waschen gehen. Nachdem der blinde Mann sich den Dreck abgewaschen hatte, konnte er plötzlich sehen.

Die letzte Heilungsgeschichte sticht etwas heraus, sie ist sehr besonders. Bei Lukas im siebten Kapitel wird berichtet, dass ein Offizier aus der römischen Armee zu Jesus kam. Einer seiner Hausangestellten war schwer krank, und seine Bitte war es, ob Jesus nicht vorbeikommen und ihn heilen könnte. Hier brauchte Jesus noch nicht mal zu dem Kranken hinzugehen. Er versicherte dem Offizier nur, dass es seinem Angestellten wieder gutging. Und tatsächlich stellte sich dann später heraus, dass der Typ genau zu dem Zeitpunkt, als Jesus das gesagt hatte, wieder gesund geworden war.

Wunder, die mit Essen zu tun haben

Eine weitere Kategorie von Wundern, die Jesus tat, hatte etwas mit Essen zu tun. Nahrung ist ja eine existenzielle Sache, ohne die jeder sterben würde. Es gibt davon nur vier Berichte, die aber wirklich erstaunlich sind.

Zwei Berichte nennt man auch die »Speisung der fünftausend (oder viertausend)«. In beiden Fällen war es so, dass Jesus eine große Veranstaltung auf einer Wiese irgendwo in Israel hatte. Die Leute hatten ihm lange zugehört, und es gab nicht genug zu essen für alle. Anstatt aber die Zuhörer nach Hause zu schicken, sorgte Jesus durch ein Wunder für so viele Nahrungsmittel, dass alle satt wurden. Da damals bei solchen Sachen immer nur die Männer gezählt wurden, kann man davon ausgehen, dass dort mindestens zehn- bzw. achttausend Menschen gesessen haben. Die Berichte von diesem Wunder findest du zum Beispiel in der Bibel bei Markus im sechsten und achten Kapitel.
Von dem einen heftigen Wunder, wo Jesus aus 600 Litern Wasser 600 Liter Wein gemacht hat, ist in diesem Buch ja schon berichtet worden.

Wunder, die mit der Natur zu tun haben

Es gibt auch ein paar Berichte davon, wie Jesus Naturgesetze außer Kraft gesetzt hat. Bei der einen Geschichte waren die Freunde von Jesus mit ihm auf einer Bootstour unterwegs. Plötzlich kam ein Orkan auf, die Wellen schlugen hoch, das Boot drohte zu kentern. Die Freunde waren in Panik und weckten Jesus auf, der sich gerade pennen gelegt hatte. Jesus befahl dem Orkan, ruhig zu werden, und das passierte sofort. Der Wind legte sich, und alles wurde ganz still. Dieses Wunder steht in der Bibel bei Markus im vierten Kapitel.

In einer Geschichte, die Markus im fünften Kapitel erzählt, kam ein Leiter einer jüdischen Gemeinde zu Jesus. Sein Kind lag im Sterben, und er bat ihn, für das Mädchen zu beten. Auf dem Weg dahin wurden sie aber aufgehalten. Als sie endlich beim Haus ankamen, war das Kind bereits tot. Es wird berichtet, dass Jesus zum Bett ging, das tote Kind an der Hand nahm und zu ihm sagte: »Mädchen, steh auf!« Augenblicklich stand das Mädchen aus dem Bett auf.

Bei Lukas im siebten Kapitel gibt es noch eine Erzählung davon, wie die Beerdigung eines jungen Mannes schon voll im Gange war. Die Leiche wurde gerade zum Friedhof abtransportiert, die Trauergemeinschaft inklusive der alleinstehenden Mutter ging hinterher. Jesus befahl dem Jungen, von der Bahre aufzustehen, und der tat es auch sofort und fing an zu sprechen.

WIE KANN MAN JESUS ERLEBEN?

Jesusgeschichten von Jesusfans

Jesus kann man auf total unterschiedliche Art und Weise erleben. Über die Jahrhunderte gab es Millionen von Menschen, die ihre Jesusgeschichte erzählen könnten. Was man auch immer theoretisch über Gott sagen könnte, in solchen Geschichten wird es plötzlich real. An Jesus zu glauben ist eben keine tote Religion. Er wollte, dass die Menschen eine Beziehung mit Gott eingehen. Dabei erlebt ihn jeder ganz anders, weil die Menschen einfach auch sehr unterschiedlich drauf sind. Und doch kann man immer wieder die gleichen Linien erkennen. Oft werden wir durch solche Geschichten sehr ermutigt. »Wenn Jesus in so einer kaputten Situation helfen kann, dann wird er es doch auch bei mir tun können!« Solche Erzählungen weiten aber auch unsere Vorstellung von Gott und wie er mit den Menschen umgeht. Ich habe für dieses Buch fünf ganz unterschiedliche Menschen befragt und ihre Geschichten hier aufgeschrieben. Von einer Punkfrau bis hin zu einem Juristen ist alles vertreten.

Wenn die Geschichten auch ganz verschieden klingen, so haben sie doch eins gemeinsam: Jesus war da, er wirkte auf seine Art und half jedem einzelnen, zu einem guten, sinnvollen, glücklichen Leben zu kommen.

Mandy: Vom Straßenpunk zum Jesuspunk

Süchtig geboren

Ich wurde im Sommer 1983 in Dresden geboren. Nach der Geburt hatte ich erst mal Entzugserscheinungen, da meine Mutter auch während ihrer Schwangerschaft Alkohol trank. Außerdem war ich drei Monate zu früh geboren, darum verbrachte ich meine ersten Wochen im Brutkasten. Man hat mir erzählt, dass meine Mutter mich dort nie besucht hat. Sie war psychisch krank, nahm Medikamente und hatte ein Alkoholproblem. Meine Mutter war keine Alkoholikerin, wie man sich das vielleicht vorstellt. Sie versuchte, heimlich zu trinken, und torkelte nicht ständig in der Gegend herum. Später hat sie mir oft gesagt, dass sie mich eigentlich nicht haben wollte.

Mein Vater stand voll unter der Fuchtel meiner Mutter. Sie bestimmte, und er machte, was sie sagte. Er war eine arme Wurst. Lange Zeit dachte ich, er kann nichts dafür, er kann sich eben nicht durchsetzen. Aber das ist Blödsinn. Er war ein erwachsener Mann und hätte genug »Arsch in der Hose« haben müssen bzw. sich Hilfe holen können.

Schläge und Streit

Wenn ich an meine Kindheit zurückdenke, dann empfinde ich Angst und Unsicherheit. Meine Eltern bekamen untereinander auch immer mehr Stress. Wenn ich spätabends schon schlief, wurde ich durch ihre Streitereien wach. Manchmal kam meine Mutter in mein Zimmer gestürmt und schlug wie wild auf mich ein. Papa versuchte sie abzuhalten, doch sie schubste ihn zur Seite. Sie war ihm körperlich überlegen. Ich kann mich nicht erinnern, dass Papa einmal versucht hätte, sie anzugreifen. Sie schrie mich oft an. Und ich hatte oft Angst. Ich wehrte mich nicht, ich hoffte nur, dass es bald vorbei wäre. Wenn sie dann ging, hallte das Zuschlagen der Tür noch lang in meinen Ohren nach. Ich blieb liegen und rührte mich nicht, mein Herz schlug mir bis zum Hals. Jedes Mal. Und jedes Mal rührte ich mich nicht, bis mein Herz sich wieder beruhigte. Ich zitterte oft lange, und ich weinte jedes Mal. Noch heute träume ich ab und zu davon, wie sie kam und mich schlug. Diese Träume sind nie gut. Häufig brauche ich eine Weile, um die verschiedenen Realitäten zu unterscheiden und einzuordnen.

Selbstgespräche und Gottgespräche

Gott oder Jesus? Das war ein Fremdwort für mich. In der DDR war dieses Thema eh tabu. Wir waren auch nie in der Kirche. Doch etwas war sehr krass: Gott sprach mit mir! Und zwar war das so: Ich führte oft Selbstgespräche. Ich hatte das Bedürfnis, mit jemandem über den ganzen Mist, der zu Hause abging, zu sprechen. Blöd nur, dass ich keinem Menschen vertrauen konnte. Vielleicht fehlte mir auch der Mut, mich jemandem zu öffnen. Ich hätte mit dem Schulpsycho, einem Lehrer, meiner Trainerin oder was weiß ich wem sprechen können. Doch ich sprach mit mir selbst, aber sagte dabei immer auch »du«. Das ging etwa so: »Weißt du, ich hab heut wieder einen Scheißtag gehabt …«, und dann hab ich erzählt, was sich so abgespielt hat. Ich stellte mir auch selbst Fragen, etwa so: »Weißt du, was ich machen soll?« Wirklich komisch, was ich da gemacht habe. Ich frage mich gerade, ob ich noch ganz knusper bin oder ob das jedes Kind so macht …

Wieso eigentlich habe ich mich noch nie mit jemandem darüber unterhalten? Das Abgefahrene an der Sache ist, dass ich auch Antworten bekam, etwa so: »Ich denke, du solltest es so oder so machen. Du schaffst es, wirst sehen, es klappt!« Es war, als würde mir jemand antworten. Jemand gab mir Tipps, und vor allem machte er mir Mut. Ich dachte lange, da antworte ich mir nur selbst. Leider gefielen mir die Antworten nicht immer. Ich hörte Ratschläge, die zwar ganz sinnvoll erschienen, mir aber nicht in den Kram passten. Vor allem sagte mir die Stimme häufig: »Du bist ein Gotteskind!« Ich weiß heute, dass Gott schon immer bei mir war. Meine »Selbstgespräche« waren Gebete, obwohl ich das Gebet damals noch gar nicht kannte.

Probleme und der Pichelsteiner Eintopf

Meine Eltern fragten nie, wie es mir ging. Es gab keine Gespräche über Gefühle oder Probleme, bei denen ich vielleicht ihre Hilfe hätte gebrauchen können. Für mich war das normal. Nicht, dass ich es nicht brauchte – nur: Ich kannte es nicht. Und was man nicht kennt, das vermisst man auch nicht. Der Schulpsycho gab uns Aufgaben für zu Hause, wir sollten uns mehr unterhalten, über unsere Gefühle und Wünsche sprechen und all diesen emotionalen Kram. Doch kaum waren wir wieder zu Hause, schienen meine Eltern das vergessen zu haben, und keiner sprach es mehr an. Zu Hause gab es immer nur Pichelsteiner Eintopf aus der Konservendose zu essen. Mittags die Hälfte und abends den Rest. Die Mangelernährung war ein Grund dafür, warum uns regelmäßig eine Tante vom Jugendamt besuchte.

Auf Schule hatte ich keinen Bock. Die Lehrer und die Mitschüler nervten mich, und ich war sehr aggressiv ihnen

gegenüber. Ich lebte in meiner eigenen kleinen Welt. Da sollte keiner reinkommen und nerven! Darum hatte ich auch nicht viele Freunde. Ich verprügelte die meisten, und die wenigen Freunde, die ich dann doch hatte, durften nicht mit zu mir nach Hause kommen. Für meine Mutter waren es alles »Fremde« und denen könnten wir »nicht trauen, egal, wie lange man sie kennt«.
Zu Hause ging es immer mehr ab. Meine Mutter trank heimlich ständig Alk, aber ich kriegte es trotzdem mit. Sie wurde dann aggressiv, schlug Papa und kümmerte sich um nichts anderes mehr. Sie stank auch, weil sie oft tagelang nicht duschte. Das waren immer schlimme Phasen, zwischendurch lief es aber auch einigermaßen. Mich schickte sie öfter zum Altglascontainer. Da warf ich dann tütenweise Wein- und Schnapsflaschen ein. Papa durfte das nicht wissen. Ich sagte ihm auch nichts, was geht's mich an, dachte ich. Manchmal war noch ein kleiner Schluck in der Flasche, den trank ich. Ich fand das eklig, doch es war mir egal.

Schulhorror

Ab der fünften Klasse begann ich, regelmäßig die Schule zu schwänzen. Meine Mutter bekam das erst mal nur mit, weil die Schule irgendwann anrief. Da krachte es richtig, und sie verprügelte mich wieder. Dabei schrie sie mich an, dass ich das Letzte bin, dass ich asozial und dumm sei und all die Floskeln, die eben jedes Mal kamen. Schule wurde für mich immer mehr zum Horror. In der sechsten Klasse schwänzte ich häufig. Immer zur gleichen Zeit aufzustehen und in diese Zwangsanstalt zu müssen fand ich schrecklich. Meine Mutter schlief aus, und ich musste allein klarkommen. Als ich in die Grundschule ging, brachte sie mich noch hin, doch ab der fünften Klasse musste ich allein gehen. Ich wurde immer mehr zum Außenseiter, auch, weil ich mich nicht einfügen wollte. Im Abstand von jeweils zehn Tagen kam regelmäßig eine Frau vom Jugendamt. Sie sprach mit mir und meinen Eltern, und dazu mussten wir gemeinsam am Tisch sitzen. Das fand ich schrecklich, denn mittlerweile aß ich nur noch allein in meinem Zimmer. Ich sagte keinen Ton, nickte oder schüttelte nur ab und zu andächtig den Kopf. Ich hatte keinen Bock, mich mit ihr zu unterhalten! Was wusste die schon? Nichts! Rein gar nichts! Ich wollte meine Ruhe. Ich fing an, immer mehr Wut und Hass gegen mich und gegen jeden anderen aufzubauen.

Saufen

Mit zwölf hatte ich mein erstes richtiges Besäufnis. Ich glaube, als Mädchen war ich ganz beliebt, ich war mit Älteren befreundet, die leicht Alkohol besorgen konnten. Wir waren eine größere Clique und trafen uns in der Mittagspause oder zur Schulzeit auf dem Schulhof. Einige Jungs waren schon 16, und ich war stolz wie Bolle, dass ich dazugehörte und sie mich akzeptierten. Anfangs fand ich das Saufen widerlich, doch nach einer Zeit bekam ich immer mehr Geschmack daran. Außerdem wollte ich endlich richtig mitreden können. Beim ersten Besäufnis sah ich alles doppelt, ich fühlte, wie der Erdboden unter mir immer wackliger wurde, und kotzte mir die Seele aus dem Leib. Es ging mir richtig dreckig, doch das andere Gefühl siegte. Es gab mir eine großartige Befriedigung. Ich war stolz auf mich!

Schuleschwänzen und die Bestrafung

Meine Eltern drehten immer mehr am Rad und probten den Aufstand. Ständig rief meine Klassenlehrerin zu Hause an und verständigte meine Eltern über mein Fernbleiben vom Unterricht. Die dachten, ich hocke brav in der Schule und lerne fürs Leben. Tat ich auch, nur nicht in der Zwangsanstalt. Ich traf mich lieber mit der Clique. Ich wollte nicht in die Schablone passen, in die mich meine Mutter zu quetschen versuchte. Ihr Wunsch war, dass ich besser als sie werde, mehr Leistung in der Schule als sie bringe, um später zu studieren. Eine Ärztin, Anwältin oder sonst was für eine Oberschnöselin wollte sie aus mir machen. Ich hatte schon mehrfach Tadel und Verweise kassiert, und nun sollte ich eine Strafe dafür erhalten. Die bestand darin, dass ich Zeitungen wie das Wochenblatt oder die Rundschau verteilen sollte. Ich bekam einen eigenen Kühlschrank hingesetzt, und als Gegenleistung hieß es: nach der Schule arbeiten, Geld verdienen, selbst einkaufen und kochen. So sollte ich lernen, Verantwortung zu übernehmen. Prima Idee! Ich holte mir bündelweise Wochenblätter, warf die in den nächsten Müllcontainer, hatte so mehr Freizeit, und Kohle gab's noch obendrauf. Die investierte ich nicht nur in Essen … Die Freizeit verbrachte ich mit meinen Freunden. Wir tranken Alkohol, hörten Musik, spuckten ganze Seen auf den Boden und rauchten wie die Schlote. Ich fühlte mich in der Clique wohl und gut aufgehoben. Wir hatten jede Menge Spaß!

Nachts um die Häuser ziehen

Wir fanden es furchtbar cool, nachts um die Häuser zu ziehen, während alle anderen fest schliefen. Für mich war das Freiheit! Raus aus dem Knast, in dem meine Mutter

Wärterin und Richterin zugleich war. Niemals sollte mir jemand dieses Gefühl nehmen! Ich hatte das Gefühl, zum ersten Mal die Welt kennenzulernen, so eingeengt hatte meine Mutter mich. Oft waren wir auf dem Deck eines Parkhauses, von dort aus konnten wir über die ganze Stadt gucken. Ein cooler Ausblick auf Tausende von Lichtern. Hier rauchte ich meinen ersten Joint. War das ein gutes Gefühl! Daran erinnere ich mich noch heute. Ich fühlte mich toll und musste plötzlich nicht mehr an zu Hause, den Stress in der Schule und meine Probleme denken. Wir trafen uns fast jede Nacht. Wir tranken jede Menge Alk und kifften uns die Welt schön. Ich bekam es irgendwie immer hin, um halb fünf am frühen Morgen zurück zu sein. Meine nächtlichen Eskapaden blieben mein Geheimnis. Bis heute. Meine Eltern haben nie gecheckt, dass ich nachts das Weite suchte.

Als meine Mutter mitbekam, dass ich Drogen nahm, rastete sie komplett aus, beschimpfte mich und bezeichnete meine Freunde als »asoziales Pack«. Es gab wieder kräftig Prügel, und ich hasste sie immer mehr. Die Situation eskalierte völlig. Ich schrie meinen ganzen Hass auf sie heraus. Schließlich haute ich alles kurz und klein, schmiss Sachen durch die Gegend. Geschirr, Stühle und ein Radio flogen ihr um die Ohren. Ich schrie sie an, dass ich sie hasse, dass meine Eltern scheiße sind, alle beide, und dass ich sie nie wiedersehen will. Ich nahm meinen Rucksack, packte rein, was ich zu fassen bekam, und haute ab. Ich habe nie wieder eine Nacht zu Hause verbracht. Völlig aufgelöst ging ich die Straßen entlang und heulte. Dabei fand ich es scheiße, dass ich heulte. Ich wollte nicht heulen! Ich wollte stark sein! Warum heulte ich überhaupt? Weil ich endlich aus der Hölle entkommen war? Oder weil ich nun mutterseelenallein in der großen, kalten und freien Welt stand? Ich weiß es nicht. Ich traf noch am gleichen Tag eine Gruppe Punks und hockte mich einfach dazu. Sie trösteten und verstanden mich. Ich erzählte ihnen alles, dass ich gerade riesigen Stress hatte und zu Hause abgehauen und vor kurzem unschuldig von der Schule geflogen war. Und sie glaubten mir! Es gab doch noch verständnisvolle Menschen auf dieser Welt! Sie boten mir Bier an, und ich gab mir die Kante. Ich fühlte mich geborgen, sie nahmen mich in den Arm, obwohl sie mich überhaupt nicht kannten. Die Gang wurde meine Ersatzfamilie, sie gaben mir, was ich bei meinen Eltern nicht finden konnte.

Auf der Straße

Die Nächte waren kalt. Deshalb machten wir sie oft zum Tag. Damals durfte man noch nachts in den Bahnhof. Das ist heute nicht mehr möglich. Es gibt zwar beheizte Warteräume, aber nur für Bahnkunden mit gültiger Fahrkarte, die auf ihren Zug warten müssen. Bahnhöfe werden heute von Sicherheitsdiensten überwacht. Damals war das nur selten der Fall, und wir konnten uns dort aufwärmen. Denn manchmal war es nachts grausam kalt, ich hatte Angst, einzuschlafen und dann zu erfrieren. Im Herbst und Winter 1997 verbrachte ich meine ersten Nächte unter freiem Himmel. In Dresden hat es in Winternächten oft 15 Grad unter null. Mit genügend Alkohol, das heizt von innen, hielten wir aus, aber Alkohol machte auch müde. Manchmal pennten wir auch beim Jugendnotdienst. Da konnte man mitten in der Nacht bimmeln, wenn man einen Pennplatz brauchte.

Wo wir Platte machten, bettelten wir auch um Geld. Am Anfang hat mich das Überwindung gekostet, doch keinen Tag später war es das Normalste auf der Welt. Dabei guckten die meisten Leute verständnislos und verachtend. Bei mir und Simone lief es meistens besser als bei den

Jungs. An guten Tagen habe ich bis zu 50 Mark gemacht, das sind heute knapp 25 Euro. Doch ich merkte, dass mich die Zeit auf der Straße schnell auspowerte. Ich war körperlich nicht gut drauf. Schon morgens kriegte ich den Affen. »Den Affen kriegen«, den »Klappermax« oder den »Zitterhans« ist Fachjargon für »zittern wie blöd, weil man keinen Alkohol drin hat«. Gegen den Affen brauchte ich einen Affentöter, und das war mein Bierchen. Damals noch Dosenbier! Mensch, was haben sich die Zeiten geändert, gibt's ja heute in Plastikpullen. Die erste Dose am Morgen war das Blechbrötchen, sehr originell. Dann ging der Affe hops, und der Tag konnte beginnen.

Das erste Mal Pillen

In der Fabrik – ein Ort, wo wir ab und zu hingingen – schmiss ich meine ersten Pillen ein. Hier war ich das erste Mal auf Speed. Das sind Amphetamine, die putschen auf, und man kann irre Halluzinationen bekommen. Kleine bunte Pillen, die es gewaltig in sich haben. Ich nahm eine und hab sie mit Alkohol runtergespült, Simone, meine Freundin, auch. Andreas hatte schon mal, und André war schon länger drauf, beides gute Freunde von mir. Sie warfen auch eine ein. Wir waren zu viert. Bei Simone wirkte es zuerst, sie bekam einen Lachanfall, dass sie sich in die Hosen pinkelte. Und ich wollte nur noch rennen. Ich empfand eine so riesige Freude wie noch nie. Ich wusste nicht, warum, ich war einfach glücklich und wollte das der ganzen Welt mitteilen. Ich rannte durch die Fabrik und schrie nur herum. Ich weiß nicht mehr, was, ich freute mich nur. Alles drehte sich um mich herum, aber ich empfand es als unfassbar schön. Ich ging mit André aufs Dach der Fabrik, es war schon fast dunkel. In mir kochte die Freude fast über, wir tranken Wein, und alle Sorgen, alle Probleme waren weg. Es war, als hätte ich in meinem Kopf den »Reset«-Knopf gedrückt. Wir hatten Sex auf dem Fabrikdach, und Andreas hat es mit Simone gemacht. Der war glücklich, er war schon länger in Simone verknallt. Schließlich fing ich mit dem ganzen Programm an. Nach Speed folgten LSD und Ecstasy, später Crack, also Kokain. Das zeigte so ziemlich die gleiche Wirkung, jedoch in immer anderen Ausmaßen. Um »runterzukommen«, schluckten wir Valium oder Diazepam. Wir kifften und soffen wie die Irren. Das Zeug bekamen wir immer von irgendjemandem, der es wieder von irgendjemandem hatte, usw. Keiner gab zu, der Dealer zu sein. Manchmal war es gestreckt, das heißt angereichert mit harmlosem Backpulver oder anderem chemischen Zeug, keine Ahnung. Dann passierte entweder gar nichts oder man hatte eben nur Trips in abgeschwächter Form, und im schlimmsten Falle kam man auf den Horrortrip. Wir fanden das zum Kotzen – einen Haufen Kohle zu bezahlen und gestrecktes Zeug dafür zu bekommen. Aber wir konnten es ja schlecht der Polizei melden … Nix da Verbraucherschutz!

Was ich unter Punksein verstehe

Im Grunde genommen war Punk von Anfang an eine kleine Untergrundbewegung. Ein Punk ist ein Außenseiter in der Gesellschaft. Ich wollte gerade deshalb auch ein Punk sein, weil ich mich nicht zur Gesellschaft dazugehörig fühlte. Das wollte ich nach außen hin zeigen und lief deshalb auch so herum. Ich hatte das Gefühl, den Leistungsansprüchen der Gesellschaft nicht gerecht zu werden und ihre Ideen nicht verwirklichen zu können: anständiger Schulabschluss, guter Beruf, Familie, Auto, Haus und gutes Ansehen. Ich habe nicht verstanden, warum ich arbeiten sollte, um mich dann im Urlaub davon zu erholen, um danach direkt weiterzuarbeiten. Ich fragte mich, warum ich das Leben nicht genießen sollte, unabhängig von Reichtum und Ansehen. Ein ausgefeiltes Denken war das nicht. Ich wollte mir nichts vorschreiben lassen. Von niemandem. Nicht von meinen Eltern, meinen Lehrern, von Politikern, Bullen, Pelzträgern oder sonst wem. Ich wollte anders sein, meinen eigenen Kopf haben, sowohl innen als auch außen.

Ärger mit der Polizei

Mein Vater hatte mich bereits zweimal von der Polizeiwache holen müssen, als sie mich in die Ausnüchterungszelle steckten. Manchmal griff uns die Polizei auf, wenn wir nachts zu breit rumhingen und uns oder andere gefährdeten. Dann ging es eine Nacht zum Ausnüchtern in die Zelle. Schön die Schuhe vorher ausgezogen, Gürtel und alle Gegenstände aus der Hose und ab hinter Schloss und Riegel. Die Zelle ist ein enger, kleiner, kahler Raum, mit einer dünnen Matratze, Waschbecken und einem winzigen Klo, dafür Fußbodenheizung. Ob man gerade sein Geschäft verrichtet oder was auch immer, die Kamera in der Zelle ist dabei. Am anderen Ende der Kamera hockt die Ärztin oder der Arzt, die/der einen vorher untersucht und Blut abnimmt. Solange man nicht durchdreht, lassen die einen in Ruhe, sonst gibt es eine Ansage durch den Lautsprecher und im schlimmsten Fall eine Beruhigungsspritze. Am nächsten Morgen bekommt man sein Zeug komplett zurück, außer natürlich die beschlagnahmten Drogen. Die Eltern dürfen zum Abholen kommen. Ich bekam jedes Mal Anzeigen wegen Drogenkonsums und auch wegen Drogenbesitzes. Meine Eltern wussten also Bescheid. Ich glaube, sie waren so verzweifelt, dass sie resignierten. Mir war das nur recht, so konnte ich ungehindert in mein Zimmer verschwinden.

Und dann waren da noch die Faschos. Die Glatzen mit Bomberjacke. Denen waren wir Punks ein Dorn im Auge. Sie hassten Ausländer und wollten den »Führer« zurück. Es gab oft Ärger mit ihnen. Die meisten Nazis hauen einfach drauf, sie reden nicht. Nach einer Schlägerei landeten ich, Andreas und zwei weitere unserer Clique im Krankenhaus. Die Glatzen hatten Sammy, Andreas' Hund, mit Bier bespritzt und uns dumm angemacht. Sie schrien, dass man Leute wie uns vergasen sollte. Sie waren zu dritt. Einer holte ein Messer raus und wollte Sammy ans Fell, da rastete Andreas aus. Er haute ihm eine rein. Ein anderer hielt Andreas fest, ich ging hin und wollte ihm helfen, aber bekam einen Tritt in den Bauch, und dann schlugen sie einfach nur noch drauf. Ich kann mich nicht mehr an viel erinnern. Ich merkte, wie mein Kopf auf den Straßenasphalt knallte. Die Polizei kam, dann weiß ich nichts mehr. Schließlich wachte ich im Krankenhaus wieder auf, konnte kaum aus den Augen gucken, mein rechtes Auge war total zugeschwollen, und alles tat mir weh. Ich wollte sofort weg, trotz meiner Verletzungen, denn ich hatte den Affen, ich war auf Entzug von den Drogen. Darum stand ich auf, musste aber feststellen, dass ich irgendwie gefangen war. In meiner Hand steckte eine Nadel, und ein Schlauch führte zu einer Infusionsflasche. Ich riss sie raus, ich hasste Nadeln, und erst recht, wenn sie in meinem Arm steckten. Dann lief das Blut über meinen Arm, und mir wurde schlecht. Ich legte mich schnell wieder hin. Die Schwestern und die Ärztin kamen, sie klärten mich über meine Verletzungen auf und dass ich einige Tage dort bleiben müsste. Ich hatte zwei Platzwunden am Kopf, die genäht wurden, eine Gehirnerschütterung, ein Zahn war raus, meine Zunge war eingerissen, meine Lippe aufgeschlagen, ich hatte Rippenbrüche, Prellungen ohne Ende, Schürfwunden an den Knien, Ellbogen und Händen.

Drogen und keine Hoffnung

Drogen bestimmten weiter mein Leben. Ich redete mir immer ein: »Morgens ein Joint, und der Tag ist dein Freund!« In mir war aber nichts als Leere. Ich hatte zu diesem Zeitpunkt keine Hoffnung mehr auf ein besseres Leben. Zu festgefahren schien mir meine Situation. Ersehntes war nicht zu haben und rückte in immer weitere Ferne. Ich machte mir das erste Mal Gedanken über das, was ich haben könnte. In Berlin traf ich sehr viele verschiedene Menschen, die ein besseres Leben führten als ich. Ich dachte das erste Mal kritisch über die Drogen nach, und mir kam die Erkenntnis: »Ich bin süchtig!« Zu diesem Zeitpunkt betete ich das erste Mal im Leben direkt zu Gott. Ich fragte mich oder besser Gott selbst, ob es ihn gäbe. Und wenn es ihn gäbe, dann sollte er mich hier rausholen, mich und meine besten Freunde, Andreas und Simone, und unseren Sammy. Während die anderen schliefen, saß ich da, trank mein Bier, und zum ersten Mal weinte ich über die Situation, in der ich mich befand. In Berlin probierten wir alles aus, nur Heroin war tabu. Ich rauchte öfter Crack. Es tat so gut, und es verlor schnell seinen Schrecken. Wir snieften es auch, und ich kam auf den Horrortrip. Es lief ähnlich ab wie beim vorigen Mal, ich bekam irre Halluzinationen bis zur Todesangst. Ich brauchte immer mehr, und der Grat zwischen Ekstase und Exitus schien immer schmaler und gefährlicher zu werden. Aber mir war das egal. Ich war mir egal. Ich rannte mit offenen Armen in den Tod und merkte es nicht mal.

Selbstmordversuch mit Heroin und ein geheimnisvolles Lied

Im März 1999 beschloss ich: Ich wollte nicht mehr leben. Ein feiger Entschluss. Denn das bedeutete, meine Freunde Simone und Andreas im Stich zu lassen. Doch diese Gedanken ließ ich nicht zu. Ich verdrängte sie schnell. Ich wollte Heroin. Ich hatte es nie genommen, und jetzt sollte mein erstes Mal sein. Mein Plan war, mir direkt eine Überdosis zu setzen. Ich vermutete, dass ich nicht so viel brauchen würde, da ich noch nie gespritzt hatte. Ich besorgte mir mein erstes Heroin plus Spritzbesteck. Simone und Andreas sagte ich nichts davon. Ich erzählte niemandem etwas davon. Still und leise wollte ich mich davonschleichen. Ich suchte mir eine Art Container aus. Darin befanden sich Klos. Hier wollte ich also sterben. Ich setzte mich auf den Fußboden. Meinen Gürtel schnallte ich um meinen Oberarm, um das Blut zu stauen. Mit Zitronensaft und Feuerzeug löste ich das Heroin auf. Ich zog es auf die Spritze. Ich zitterte. Ich hatte den Affen, aber vor allem hatte ich Angst. Große Angst. Ich überlegte kurz, ob ich einen Abschiedsbrief hinterlassen sollte, doch ich ließ es bleiben. Ich wollte sofort handeln, weil ich Angst davor hatte, im letzten Moment doch noch einen Rückzieher zu machen. Eigentlich hatte ich mein Leben lang Schiss vor Spritzen. Die kleinen, spitzen, fiesen und gemeinen Nadeln machten mir Angst. Aber ich riss mich zusammen. Ich sah nicht hin und stach sie mit voller Wucht in meinen Arm. Ich drückte ab, und die Spritze leerte sich. In diesem Moment hörte ich plötzlich Musik. Ich wurde innerlich ganz ruhig, und ich hörte eine Stimme singen. Ich wusste, sie sang nur für mich. Sie sang, dass es jemanden gibt, der mich kennt und mich trotzdem liebt. Der meine Sehnsucht kennt und der mir meine Schuld vergibt. Ich hatte dieses Lied nie vorher gehört, ich kannte es nicht. Im ersten Mo-

ment dachte ich, ich bin tot und höre die Englein singen. Doch dann guckte ich zu meinem Arm und zog die Spritze wieder raus. Ich stellte fest, dass mir das Heroin am Arm runterlief und eine kleine Beule unter der Haut sichtbar wurde. Ich hatte meine Vene nicht getroffen.
Ich dachte nie darüber nach, es noch mal zu versuchen. Dieses Lied hat mich damals sehr berührt, aber ich wusste nicht, was es war. War es eine Halluzination? Wenn, so fand ich, war es eine sehr schöne. Ich hatte noch immer den Affen. Doch ich wusste, dass ich leben wollte und dass ich mit den Drogen aufhören würde. Nach einer Zeit wachte ich wieder auf, ich war also am Leben geblieben.

Beschäftigung mit Religion

Lesen machte mir Spaß, und schließlich begab ich mich auf die Suche nach dem Sinn meines Lebens. Auf der war ich schon länger. Nur meistens war ich dabei breit. Der Sinn meines Lebens konnte doch unmöglich aus Arbeiten, Kiffen, Saufen, Sex und Rumhängen bestehen. Oder etwa doch? Ich hatte gehört: Menschen, die glauben, denen geht's besser. Die sind glücklicher und überhaupt, die wissen, was Sache ist. Also informierte ich mich darüber, was Leute glaubten. Damit ich auch schnell kapierte, um was es ging, holte ich mir Kinderbücher aus der Kinderbücherei. Über das Judentum, den Islam, den Buddhismus, den Hinduismus und das Christentum. Die zog ich mir rein. Ich dachte, da suchst du dir jetzt was aus, und dann geht's richtig los. Was auch immer. Judentum? War mir zu langweilig. Islam? Nee, so mit Kopftuch und vor Sonnenaufgang Allah anbeten, das war nix für mich. Christentum? Ist doch fast jeder irgendwie Christ. Evangelisch oder katholisch, was macht das schon, dachte ich mir. Hinduismus? Zu kompliziert! Buddhismus? Fand ich gut. Ich entschied mich, ab jetzt Buddhistin zu sein. Aber nach einiger Zeit war meine Begeisterung dafür wieder verschwunden.

Der »Kummerchat«, ein Geschenk und Jesus

Ich verbrachte meine Abende oft im Internetcafé. Dort begann ich auch mit dem Chatten, aber nicht, weil ich mir einen Freund aufreißen, sondern weil ich einfach mit jemandem sprechen wollte. Ich googelte mich zu einer Internetseite mit einem Kummerchat. Dort lernte ich sofort Leute kennen, die mir zuhörten und bei denen ich mich aussprechen konnte. Weil es anonym war und sich jeder nur mit einem selbstgewählten Nickname einloggte, war es für mich viel einfacher, mich zu öffnen. Ab jetzt ging ich regelmäßig ins Internet, um die Kontakte zu pflegen. Einige davon wurden mir sehr wichtig. Ich merkte, dass ich nicht nur zum Hilfeannehmen da war, sondern auch, weil meine Hilfe dort gebraucht wurde. Bald nahm ich so eine Art »Helferrolle« im Chat ein. Das gab mir Kraft. Es zeigte mir, dass es vielen Menschen weitaus schlechter ging als mir, und es gab mir das Gefühl, gebraucht zu werden. Diese Menschen erwarteten mich. Sie saßen irgendwo in Deutschland, doch sie hatten mich gern, und ich war willkommen.

Im Chat lernte ich Amelie kennen. Amelie war fast fünfzig, saß wegen Kinderlähmung im Rollstuhl und kam mir ein bisschen wie die »Chat-Mutter« vor. Es gab mehrere in ihrem Alter, aber keinen, der sich so der anderen annahm und ihnen seine ganze Aufmerksamkeit schenkte. Nachdem wir uns etwas unterhalten hatten, schrieb sie, sie »geht mit Jesus«! Hä? Jesus? Spazieren oder was? Verstand ich nicht. Und wer war überhaupt Jesus? Ich fragte nicht nach. Ich wollte ja nicht dumm dastehen. Darüber hatte ich mir nun wirklich noch nie Gedanken gemacht. Ich hatte weder Religionsunterricht noch jemals so was wie eine Bibel in der Hand gehabt. Andreas hatte mal eine geschenkt bekommen, von einem Pfarrer oder so, und las ab und zu darin. Doch ich hab's nie getan. Ich weiß gar nicht, warum. Ich wusste, Jesus, das war irgendeine Gestalt in der Bibel, und ich dachte, der hat was mit Adam und Eva zu tun. Amelie schickte mir dann kostenlos eine Bibel. Das überwältigte mich, diese Frau hatte mich noch nie gesehen, und jetzt schenkte sie mir etwas? Wir begannen auch zu telefonieren, und was ich bei ihr sah, ging über meine bisherige Menschenkenntnis hinaus. So etwas hatte ich wirklich noch nicht erlebt. Jetzt hatte ich also meine erste Bibel! Eine Bikerbibel. Wie cool. Ich dachte bei »Bibel« an ein altes verstaubtes Buch bei Oma auf dem Schrank. Obwohl ... Meine Oma hatte so was nicht. In meiner Bibel, da waren tatsächlich dicke, fette, mit »Jesus«-Schriftzug tätowierte Bikertypen. Fand ich krass. Was hatten denn die mit der Bibel zu tun? Das machte mich neugierig. Dennoch las ich nicht gleich darin und legte sie erst mal weg.

Wer ist Jesus?

Amelie riet mir, das Johannesevangelium zu lesen. Das tat ich auch – in einem Zug, konnte gar nicht mehr aufhören. So was hatte ich noch nie gelesen, eine tolle Geschichte. Aber was hatte das denn mit mir zu tun? Amelie erklärte mir, dass sie eine Beziehung zu Jesus hat und ich die auch haben kann. Hä? War der Typ nicht tot? Sie erklärte mir, dass Gottes Sohn Jesus für uns am Kreuz gestorben ist. Auch für mich! Selbst wenn ich der einzige Mensch auf Erden wäre, hätte er das getan, weil er mich liebt! Er tat es für die ganze Scheiße, die ich angestellt hatte. Er trug für mich die Schuld – damit ich errettet bin und mein Leben hier auf der Erde nicht endet, sondern im Himmel bei Gott ewig weitergeht. Ich dachte an Joshua, mein Kind, das vor der Geburt verstorben war. Was ist denn mit ihm? Ging er verloren, oder war er jetzt bei Gott?

Joshua ist bei Gott

Amelie erzählte mir, dass Joshua bei Gott sei. Er war noch zu klein, um bewusst eine eigene Entscheidung für oder gegen Jesus zu treffen.
Sie erzählte mir, wie es im Himmel ist, und ich musste weinen. Ich saß im Internetcafé und heulte. Meine Trauer wurde von einem zum anderen Moment durch Liebe ersetzt. Das war überwältigend. Jesus war auch für Joshua gestorben! Amelie erzählte, dass es Joshua bei Gott viel besser gehen würde als bei mir. Ich hätte mein Bestes gegeben, um ihm ein schönes Leben zu ermöglichen. Doch ich hätte mit Sicherheit auch große Probleme damit gehabt. Vielleicht war erst mal wichtig, mein eigenes Leben hinzubekommen. Heute weiß ich, dass es so ist. Ich war noch nicht bereit für ein Kind. Ich glaube, Gott hat Joshua zu sich genommen, weil er das wusste. Ob das der wahre Grund ist, das werde ich erst erfahren, wenn ich selbst im Himmel bin. Aber es tröstet mich. Joshua ist ein Königskind, und so lebt er auch.

»Ich will dich, Jesus!«

Ich war sehr aufgewühlt. Ich dachte den weiteren Abend und während der Nacht über mein Gespräch mit Amelie nach. Ich war fasziniert von dem, was sie mir erzählt hatte. Wir kannten uns nun schon über ein Jahr, hatten fast täglich gechattet und telefonierten ab und zu. Doch sie hatte sich mir nie aufgedrängt. Dabei hatte Amelie schon von ihrem Glauben erzählt, doch ich hatte auch nie großartig nachgefragt. Am nächsten Tag rief ich sie an. Ich sagte: »Ich will das jetzt auch mit Jesus! Ich will mit ihm gehen. Sofort!« Sie sprach mir vor, was ich beten sollte. Und ich tat es. Ich dankte Jesus, dass er für den ganzen Mist, den ich gebaut hatte, die Schuld auf sich geladen hat und am Kreuz gestorben ist. Ich bat ihn um Vergebung und gab ihm mein altes Leben. Ich sagte, dass ich ihm vertrauen möchte und dass er in mein Herz kommen soll. Ich bat ihn um seine Kraft, den Heiligen Geist. Und ich dankte ihm, dass ich sein Kind sein darf! Wow, ich hatte zum ersten Mal richtig gebetet und zum ersten Mal »Amen« gesagt! Es war am 18. Oktober 2005 um 17.50 Uhr. Nun, der Himmel riss nicht auf, und ich hatte auch nicht das Gefühl, voller Freude durch die Stadt sausen zu müssen. Allerdings wusste ich, dass sich etwas verändert hatte. Es hatte etwas begonnen, in dem Jesus mich Stück für Stück zu einem anderen Menschen machen würde.

Das erste Mal Gottesdienst und Hauskreis

Alles war erst einmal neu und ungewohnt für mich. Einige Tage nach meiner Lebensübergabe an Jesus fuhr ich zum ersten Mal nach Bayern, um Amelie und ihren Mann Bernd zu besuchen. Das war sehr aufregend. Direkt am Abend meiner Ankunft fand ein Hauskreis statt, den Amelie leitet. Ich bekam schnell den Ablauf geschildert, und kurz darauf nahm alles seinen Lauf … Es kamen viele Leute. Alle begrüßten mich und freuten sich riesig, dass ich da war. Dabei kannten die mich gar nicht … Das fand ich erst einmal seltsam. Alle hätten vom Alter her eigentlich meine Eltern oder sogar Großeltern sein können, aber das störte mich dabei am wenigsten. Amelie spielte Gitarre, und alle anderen sangen. Es waren Lieder, wie ich sie nicht kannte. Sie beteten Jesus an, sie lobten und dankten ihm. Dann hob Bernd plötzlich den Arm. Ich bekam einen Schreck. Stand der doch tatsächlich da ... mit dem Hitlergruß! Ich bekam den Mund nicht mehr zu. Das schiere Entsetzen brach in mir aus! Was sollte denn das? Faschos? Die sahen doch gar nicht so aus, und benehmen taten sie sich doch erst recht nicht so. Ich kannte Bernd nicht so gut wie Amelie, aber sollte ich mich da getäuscht haben? Auch das Beten irritierte mich. Alle sprachen durcheinander: »Herr ..., Heiliger Geist ..., Vater ..., Gott ..., Allmächtiger ...!« Ja, was denn nun? Da dachte ich, schon viel erlebt zu haben, und dann das! Beim Thema hielt ich mich sehr zurück. Ich hatte nun Angst! Ich wusste nicht, was da gerade um mich herum geschah und was das für Menschen waren. Da ich nicht flüchten wollte, um kein Aufsehen zu erregen, sagte ich keinen Ton. Als alle weg waren, atmete ich auf. Ich bat Amelie und Bernd um Aufklärung. Bernd erklärte, dass der von mir gedeutete Hitlergruß eine Anbetung Gottes sei. Dafür hebt man die Hände, wenn einem danach ist, gern mal zum Himmel. Und beim Beten muss schließlich ich nichts verstehen, sondern Gott. Der checkt das auch, wenn alle durcheinandersprechen. Das kapierte ich. Schließlich ist er der Allmächtige. Doch das erste Mal zwischen betenden Händehebern zu sein lässt nicht viel Raum für Gedanken. Als kleiner Punk scheißt man sich da ganz schnell in die Hose, wenn die Bude plötzlich voller Faschos zu sein scheint.

Drei Tage später ... mein erster Gottesdienst! Irgendwie fühlte ich mich wie ins kalte Wasser geworfen, all diese neuen Erfahrungen! Unter »Gemeinde« konnte ich mir nichts vorstellen. Nur unter »Kirche«. Kirche ist ein Ort mit unbequemen Holzbänken. Da darf man nicht laut sprechen, muss die Mütze abziehen, und ein Klo gibt's meistens auch nicht. Nun ging's also in die Gemeinde. Ich war überrascht. Von außen war das ein ganz normales Haus. Drinnen war ein großer Raum. Es war warm, und bequeme Stühle waren da. Sogar ein Schlagzeug. Das fand ich gut. Ich hatte mir alles anders vorgestellt. Los ging's mit Musik. Wieder Lieder, die ich noch nie gehört hatte. Amelie sang in der Band. Ihr Sohn spielte Schlagzeug, andere spielten Gitarre und Saxophon. Ich saß in der ersten Reihe. Beim Singen waren sie wieder da. Die Händeheber! Die Musik fand ich ungewohnt, aber sehr gut. Ich sang sogar mit. Als es fertig war, ließ ich meiner Begeisterung freien Lauf. Ich klatschte und schrie: »Zugabe!« Bis ich mitbekam ... Schweigen! Es herrschte Schweigen! Hä? Ich drehte mich um und sah in erstaunte Gesichter. Von Amelie erfuhr ich später, warum es keinen Applaus nach der Singerei gab. Amelie nannte die Singerei »Lobpreis«. Sie erklärte, dass sie für Gott singen, dass ich, wenn überhaupt, für Gott klatschen und jubeln sollte und nicht für die Band. Aus meinen geplanten vier Besuchstagen wurden dann zwei Wochen.

So fing mein Leben mit Jesus an. Für mich ist das noch heute der Hammer! Wenn ich zurückdenke, ist mir bewusst, dass ich Gott kennenlernen wollte, aber nicht an ihn glauben konnte. Ich hab zu Jesus gesagt: »Hey, Jesus, jetzt zeig dich mir doch, wenn's dich wirklich gibt!«, und er hat es getan mit diesem Lied. Heute würde ich niemals mehr an der Existenz Gottes zweifeln, auch wenn ich vieles noch nicht verstehe. Manchmal bin ich auch noch sauer auf Gott. Dann sage ich ihm das auch und schreie ihn sogar an! Doch ich weiß, Jesus ist da, und er liebt mich. Heute bin ich weg von Alk und Drogen – und das ohne Klinik.

Diagnose Krebs

Es ist nicht immer alles leicht, und es gab auch danach wieder harte Zeiten bei mir. Im Jahr 2007 stellten die Ärzte einen sechs Zentimeter großen Gehirntumor im Zentralhirn bei mir fest. Dieser Tumor hätte mich innerhalb eines Jahres getötet. Menschen suchen oft Erklärungen, warum Gott Krankheit zulässt. Warum lässt er eine Mutter von drei Kindern sterben? Warum lässt er unschuldige Babys sterben und die Eltern leiden? Warum bin ich krank? Ich weiß es nicht. Aber ich weiß, dass Krankheit nicht von Gott kommt. Das kommt vom Teufel, und der regiert die Welt. Krankheit gibt es, weil wir in der Welt leben. So einfach ist das. Doch der Teufel hat kein Anrecht auf mich. Jesus hat ihm die Buxe runtergezogen! Gott hat seinen einzigen Sohn Jesus ans Kreuz nageln lassen für alle Krankheit, alle Schuld, alle Scheiße und alle Lügen dieser Welt.

Wenn ich sterbe, egal wann, dann gehe ich zu Gott! Ich bin ein Königskind, und mein Zuhause ist das Himmelreich! Bis dahin versuche ich, so gut ich kann, hier auf der Erde noch was Gutes zu tun. Klar will ich jetzt nicht sterben, und ich glaube auch, dass ich das nicht tue. Und wenn es so wäre, dann ist es eben so. Ich habe oft Angst vor dem Sterben. Ich weine öfters deswegen. Dann bin ich dankbar, meine Freunde zu haben. Heute nehme ich täglich elf Tabletten. Gegen Schmerzen, für gute Durchblutung, geringere Schmerzweiterleitung, gegen erhöhten Gehirndruck usw. Ich bekomme Infusionen mit Mineralien und Vitaminen und muss mich öfters neurologischen Untersuchen, MRTs und CTs unterziehen. Manchmal kommen mir Zweifel. Doch ich halte an Jesus fest! In meinem rechten Arm und in meinem rechten Bein habe ich nicht mehr so viel Kraft. Ich kann mit meiner Hand nicht mehr fest zugreifen. Das Gefühl an einigen Fingern ist weg und auch an allen Zehen. Manchmal habe ich Wut auf meinen Körper. Meine Hand habe ich schon gegen die Wand gehauen, bis sie geblutet hat. Doch ich weiß, nicht mein Körper, sondern die Krankheit ist mein Feind. Ich werde den Kampf gegen den Tumor nicht aufgeben. Ich freue mich auf den Tag, an dem ich wieder ganz gesund sein werde.

So geht es mir heute

Mein Leben ist heute von völlig anderer Qualität als damals. Ich kämpfe jeden Tag einen neuen Kampf mit den Drogen. Ich möchte clean bleiben und nie wieder Alkohol trinken. Gott hat bei mir nicht mit dem Finger geschnippt, sodass ich von allem frei gewesen wäre. Doch vielleicht wäre auch das gar nicht so einfach gewesen. Ich bin nicht mehr abhängig, und das ist gut so. Als Süchtiger ist man versklavt, und wir sind von Jesus zur Freiheit berufen. In dieser Freiheit zu leben, das muss ich noch lernen. Ich sehe mich heute als »Ex-Knacki«, gefangen in der Sucht. Drogen geben Geborgenheit. Doch keine Freiheit! Das habe ich erkannt. Ich habe Menschen an meiner Seite, die mich nicht verurteilen, wenn ich mal wieder Suchtgedanken und Saufdruck habe. Ich glaube, jeder, der einmal Drogen genommen hat, hat Suchtgedanken. Wenn ein Scheiß auf den anderen kommt, dann verfalle ich heute noch in alte Muster und denke: »Jetzt 'nen Joint!« Doch dann renn ich nicht gleich zum Dealer wie früher, sondern bete und überlege: »Wozu? Drogen ändern nichts an meiner Situation!« Ich würde alles nur weiter rausschieben. Also geh ich mit Jesus durch die Situation. Ich spreche mit ihm Klartext und sage: »Jesus, mir geht's gerade scheiße!« Er sagt: »Ja, ich weiß, aber ich bin bei dir!« Das ist ein gutes Gefühl!

Vor Gott kann ich nicht fliehen, auch wenn ich ihn oft genug nicht verstehe. Denn egal, wohin ich abhauen würde, Jesus wäre schon da. Wenn ich einen Rückfall bekommen würde, dann wäre er auch da. Aber dann würde ich alles aufs Spiel setzen, vor allem meine Freundschaften. Ich habe heute Freunde, für die ich alles tun würde! Sie könnten mich mitten in der Nacht anrufen, und ich würde dann, wenn es sein müsste, sofort bei ihnen auf der Matte stehen. Ich habe Jesus um Heilung für meine inneren seelischen Verletzungen gebeten. Gottes Liebe ist bedingungslos. Er liebt alle Menschen, egal, was sie getan haben. Mit meinem kleinen Denken werde ich Gott niemals vollkommen begreifen, denn er ist so groß! Ich bin dankbar, dass er mich als sein Kind geschaffen hat. Dass er mich, durch seinen Sohn Jesus Christus, gerettet hat! Jesus hat mir Menschen geschickt, die ich über alles liebe und niemals mehr verlieren möchte. Ich weiß auch, er wird ein Wunder tun, mit dem er mich heilen wird! Ich möchte für andere Menschen ein Segen sein.

Jesuspunk im Netz

Aus dem Punk von früher ist heute ein Jesuspunk geworden. Ich bin heute auch viel für Jesus im Internet unterwegs. Meine Seite heißt www.gekreuzsiegt.de. Es gibt dort auf der Seite auch einen Chat, der jeweils Dienstag und Donnerstag besonders genutzt wird. An diesen Tagen werden dort Themenabende zu verschiedenen Glaubensthemen veranstaltet. Die Idee für die Webseiten kam mir in meiner Krankheitszeit, weil mir Gott dort besonders den Bibelvers aufs Herz gelegt hat: »Ich werde nicht sterben, sondern leben und die Taten des Herrn verkündigen«, Psalm 118,17. Die Webseiten sollen für Menschen einen Treffpunkt im Internet bieten, wo sie ihre Fragen rund um den Glauben stellen und sich austauschen können. Weil ich so viel auf dem Gebiet mache, wurde ich vom Berliner Verein »In-meiner-Straße e.V.« als »Internetmissionar 2010« vorgeschlagen und hab die Ausschreibung tatsächlich auch gewonnen! Dieser Preis ist mit 400 Euro monatlich dotiert. Für mich ist das eine echt gute Sache, weil ich mit dem Geld meinen Dienst weiter finanzieren kann.

Am 26. Oktober 2009 habe ich den Kampf gegen den Tumor gewonnen. Er ist an diesem Tag vollständig vernichtet worden. Bis jetzt ist allerdings noch eine leichte Halbseitenlähmung geblieben. Weihnachten 2009 habe ich dann geheiratet.

Der Teufel hat kein Anrecht mehr auf mich. Weder durch Krankheit, Drogen oder irgendwas anderes. Er ist ein Witz! Ich weiß, Drogen fühlen sich gut an, doch Jesus ist gigantisch viel besser! Zurzeit schreibe ich an einem Buch über mein Leben, was vermutlich 2011 erscheinen wird.

Mit Jesus bin ich nie allein, sondern immer stark wie zwei. Danke, Jesus, dass es dich gibt!

Dr. Ulrich Dreyer: Der Krieg, ein Jurist und Jesus

Ein Führer und die Hitlerjugend

Ich wurde 1924 in Schwerin geboren. Mein Vater war Richter am Gericht in Schwerin. Neben mir gab es noch eine Tochter in der Familie. Als Hitler an die Macht kam, war ich gerade mal neun Jahre alt.
Mit zehn Jahren wurde ich Mitglied im Jungvolk. Alle Klassenkameraden waren dort, und ich wollte nicht die Ausnahme sein. Bereits im Jungvolk wurden wir alle auf Hitler eingeschworen. Er war der Führer und wurde uns als Retter Deutschlands vorgestellt. Hitler hatte im Ersten Weltkrieg das Eiserne Kreuz bekommen und war unser Vorbild. »Führer befiehl, wir folgen«, das war die Parole. Die Lieder, die wir in der Gruppe sangen, handelten alle von ihm und von der Fahne, der wir folgten. In der Schule waren fast alle Lehrer Mitglied der Partei. Wenn der Lehrer die Klasse betrat, grüßte er mit dem Hitlergruß und wir antworteten mit »Heil Hitler«.
Mit 15 wechselte ich über zur Marine-Hitlerjugend. Schwerin ist die Stadt der Seen und Wälder. Im Rückblick war die Hitlerjugend wie eine vormilitärische Ausbildung. Wir lernten dort zum Beispiel das Morsealphabet.

Marinezeit und der Zweite Weltkrieg

Im selben Jahr, im September 1939, begann der Zweite Weltkrieg. Hitler hat diesen Krieg angefangen. Der Krieg begann in Polen und wurde danach im Westen fortgesetzt. Die Wehrmacht fiel in Holland, Belgien und Frankreich ein, später – 1941 – sogar in Russland.

Für mich war klar, dass ich als junger Deutscher am Krieg würde teilnehmen müssen. Die erste Frage, die ich mir stellte, war, ob ich mich freiwillig melden oder abwarten sollte, bis ich eingezogen wurde. Ich entschied mich für die erste Wahl, denn so konnte ich mir aussuchen, welchem Teil der Wehrmacht ich angehören wollte, und mein Wunsch war natürlich die Marine. Die Kriegsmarine war wählerisch und nahm nicht jeden. Ich wollte die Offizierslaufbahn einschlagen, und meine Bewerbung hatte Erfolg. Die Ausbildungsstätte befand sich in Glücksburg. Im Rahmen der Schulung durchliefen wir auch eine infanteristische Grundausbildung.
Am 15. Januar 1942 wurde ich abkommandiert zur Fünften Schnellboot-Flottille. Die Boote gingen nachts auf Feindfahrt. Ich habe mehrere Einsätze miterlebt, die zum Auslegen von Seeminen dienten. Später fuhr ich auch zwei Einsätze, die gegen feindliche Geleitzüge gerichtet waren. Einige Monate danach kam dann die Versetzung an die Marineschule in Mürwik. Inzwischen waren wir zu Fähnrichen befördert worden.

U-Boot-Flottille

Am 1. Juni 1943 wurde ich mit einem anderen Kameraden abkommandiert an die Dritte U-Boot-Flottille nach La Rochelle. Wir kamen dort aber nie zum Einsatz: Das Oberkommando der Kriegsmarine beorderte alle Fähnriche zurück, weil sie es nicht verantworten konnten, dass wir, die noch nie zuvor auf einem U-Boot gefahren waren, auf Feindfahrt eingesetzt wurden. 1944 wurde ich an die Erste U-Boot-Lehrdivision in Pillau abkommandiert. Hier lernten wir den Einsatz auf Unterseebooten. Beim Tauchen spürte man einen leichten Druck auf den Ohren, die Boote gingen in der Ostsee aber nur auf 40 Meter Tiefe.

Ich werde nie vergessen, wie wir eines Tages in der Messe des Begleitschiffs versammelt wurden. Der Chef erklärte uns, dass eins von unseren U-Booten nicht wieder aufgetaucht sei. Es gab keine Möglichkeit, die Besatzung zu retten. Die Kameraden waren einfach nach Verbrauch des Sauerstoffs erstickt. Ein schrecklicher Tod.

Flak-Angriffe

Später kam ich dann auf eine Sperrbrecher-Flottille. Mein Fronteinsatz auf U-Booten fand nicht statt, vermutlich, weil die Werften in Kiel und Hamburg durch Angriffe so beschädigt worden waren, dass es nicht genug neue U-Boote gab. Bei der Sperrbrecher-Flottille war unsere Aufgabe, Seeminen zu räumen. Ich erlebte nur einen Angriff nachts auf der Fahrt in den Oslo-Fjord. Die Besatzung am Flak-Abwehrgeschütz war vorher durch die Geräusche des Flugzeuges alarmiert worden. Der Chef der Flak-Einheit fragte mich als Offizier auf der Brücke, ob er das Feuer eröffnen dürfe. »Frage: Feuereröffnung?« Ich antwortete »Nein!«, denn es war Nacht, und man konnte das feindliche Flugzeug zwar hören, aber nicht sehen. Kurze Zeit später detonierte eine Bombe auf dem Wasser, einige hundert Meter vom Schiff entfernt. Wir waren wieder einmal davongekommen. Ich frage mich heute noch, ob es richtig war, die Feuereröffnung mit den Flugabwehrgeschützen zu verneinen. Was wäre gewesen, wenn die Bombe getroffen hätte? Man hätte mich mit Sicherheit zur Verantwortung gezogen.

Der Krieg ist vorbei

Ende 1944 standen die Westmächte und die Russen schon weit auf deutschem Boden. Es war ein merkwürdiges Gefühl. Einige Zeit davor hatte ich einem Marinesoldaten seine Frage, ob wir den Krieg noch gewinnen würden, mit einem deutlichen »Ja!« beantwortet. Ich war wie besoffen von der Propaganda.

Eines Tages im Mai war es dann so weit. Ich befand mich in Oslo in einem Hotel, wo wir nach den Einsätzen übernachteten. Dort kam die Meldung: »Wir haben den Krieg verloren!« Das war ein Schock. Ich hatte der Propaganda der Nazis bis zum Schluss geglaubt. Einer von uns war so verzweifelt, dass er heulte. Der Rundfunk hatte auch gemeldet, Hitler wäre an vorderster Front kämpfend den Heldentod gestorben. Doch das war gelogen, bekanntlich hat er zunächst Eva Braun und danach sich selbst mit der Pistole umgebracht.

Nach Kriegsende wurden wir von den Siegern auch über Hitler aufgeklärt. Es war für mich wie ein Abschied von einer Illusion. Ich hatte, wie viele Deutsche auch, Hitler bewundert. Und jetzt stellte er sich plötzlich als Mörder von sechs Millionen Juden heraus. Ich hörte von der Massenvernichtung der Juden, aber auch von der Behandlung von politischen Gefangenen, von Zwangsarbeitern, von der Zerstörung des Rechtsstaates und der Meinungsfreiheit. Ich kam zu dem Ergebnis: Es ist gut, dass wir den Krieg verloren haben.

Interesse für den Glauben

Als der Krieg vorbei war und ich nach Hamburg zog, interessierte ich mich das erste Mal für den Glauben. Ich fragte mich: Warum hast du den Krieg eigentlich über-

standen? Warum hast du dein Leben nicht verloren wie so viele Kameraden, die im Krieg gefallen waren? Darum hab ich die Gottesdienste in der Markuskirche in Eppendorf und die Gottesdienste mit Helmut Thielicke in St. Michaelis besucht. In dieser Zeit hab ich auch angefangen, manchmal zu beten, aber mein Glaube war noch nicht auf Jesus gegründet.
Meine Familie schickte mich nach Reinbek. Dort sollte ich eine befreundete Familie besuchen. Hier lernte ich Jürgen kennen, der bis heute mein Freund ist. Er war drei Jahre jünger als ich, wir hatten gemeinsame Interessen und musizierten zusammen: Ich spielte Schifferklavier, und er begleitete auf der Gitarre.

Jurastudium und Heirat

Mein Studienbuch ergibt, dass ich mich am 17. Januar 1947 immatrikuliert habe. Die große Juristische Staatsprüfung bestand ich am 19. Dezember 1957. Dabei bin ich beim ersten Versuch gescheitert. Das Zeugnis wies nur ein »ausreichend« aus. Der Vorsitzende Senatspräsident meinte dazu nur: »Schade.« Das Ergebnis hat aber meiner beruflichen Karriere nicht geschadet. Nach dem Examen habe ich dann als Anwaltsassessor gearbeitet. Später bewarb ich mich auf eine Zulassung als Rechtsanwalt und habe diese auch erhalten. Es folgten mehrere Jobs, unter anderem beim Schutzverein Deutscher Reeder und beim Verein Hamburger Assecuradeure (VHA) in Hamburg.
Im Jahre 1959 hab ich meine jetzige Frau Rosemarie auf der Insel Sylt kennengelernt. Am 6. Mai 1960 haben wir geheiratet. Ich konnte meine Frau und mich durch meinen Verdienst ernähren. Wir haben zusammen vier Kinder bekommen.

Wie ich zum Glauben an Jesus Christus kam

In meiner Kindheit und Jugend hat der Glaube keine große Rolle gespielt. Auch nicht während der Kriegszeit.
Meine große Tochter Angela stand im Kontakt mit Christen, die sie bei einem Besuch meiner Schwester in Stendal kennenlernte. Meine Schwester war nach Kriegsende im Osten geblieben und hatte einen Pfarrer geheiratet. Angela kam begeistert von einer Jugendfahrt der Gemeinde zurück und erzählte uns von ihrem neugefundenen Glauben an Jesus. Zu der Zeit begannen gerade die charismatischen Gottesdienste in der Hauptkirche St. Petri in Hamburg. Sonntagabends trafen sich dort später über tausend Besucher. Unsere Älteste machte uns auf diese Gottesdienste aufmerksam. Immer wieder sagte sie uns: »Geht da doch mal hin!«, was wir dann auch taten. Schließlich wurde ein Grundkurs des Glaubens in der Gemeinde angeboten. Meine Frau meinte zu mir, dass wir doch mal etwas Gemeinsames machen sollten, man könnte anschließend ja noch ein Glas Wein trinken gehen. Also gingen wir hin. Mit jedem Abend wurde der Kurs besser. Wir bekamen Hausaufgaben auf, die wir bis zum nächsten Mal erledigt haben mussten. Dort beim Grundkurs hab ich plötzlich gemerkt, dass mir etwas fehlt – da ist der Groschen gefallen.
Der Abschlussabend fand in der Martinskapelle, ganz vorn in der Petrikirche, statt. Wir hatten davon gehört, wie intensiv das ist, aber dann hat es uns doch sehr überrascht. Pastor Kopfermann predigte über die Bibelstelle »Jesus auf dem Wasser« (Matthäus 14,25–33). Wie immer spitze. Nach der Predigt wurden wir aufgefordert, unser Leben Jesus zu übergeben. Man wurde nach vorne gebeten, und ich bin als Zweiter gegangen. Anschließend wurden wir gesegnet. Von dem Zeitpunkt an ist mein Glaube langsam immer weitergewachsen.

Was Jesus verändert hat

Nach meiner Bekehrung wurde mein Kollege entlassen, und man setzte mir einen Hauptgeschäftsführer vor die Nase. Dadurch veränderte sich meine Situation bei der Arbeit. Plötzlich bekam ich Angst um meinen Job. In meinem Alter wäre es schwer gewesen, wieder eine Anstellung zu finden. Zudem musste ich meine Familie mit vier Kindern ernähren können. In dieser Krise hat mir der Glaube an Jesus sehr geholfen.

Meine Frau und ich haben später in der Gemeinde einen Hauskreis übernommen. Jesus hat mein Leben immer mehr verändert. Weil ich Schlafprobleme hatte, bekam ich vom Arzt Schlaftabletten verschrieben, aber seit ich Christ bin, muss ich die nicht mehr nehmen.

Auch in meiner Ehe ist Jesus als Herr zu einem Grundpfeiler geworden. Meine Frau Rosemarie und ich gehören heute zur Marktkirche in Hamburg-Poppenbüttel. Dort besuchen wir die Lobpreisgottesdienste alle 14 Tage.

Ich habe vor vielen Jahren meine Probleme und Kriegserlebnisse bei Pastor Kurowski in der Seelsorge heilen lassen.

So lebe ich heute als Christ

Ich bete jeden Morgen für mich allein, und am Schluss des Tages bete ich zusammen mit meiner Rosemarie. Das Gebet beenden wir immer mit dem Vaterunser. Wir freuen uns sehr darüber, dass auch unsere Kinder an den Herrn Jesus glauben und ihre Eltern liebhaben. Das ist heute nicht die Regel. Täglich studiere ich die Losungen mithilfe der Bibel, zurzeit mit der Bibelübersetzung »Hoffnung für alle«. Im Wohnzimmer hören wir jeden Abend Predigtkassetten und Lobpreismusik.

Das Leben geht nach dem Tod weiter

Heute bin ich sechsundachtzig Jahre alt. Wenn man mich fragt, warum jemand mit Jesus leben sollte, wäre meine erste Antwort: »Weil nach dem christlichen Glauben das Leben nach dem Tod weitergeht!« Der berühmte Bibelspruch ist mir sehr wichtig geworden: »... damit alle, die an ihn glauben, nicht verlorengehen und das ewige Leben haben.« Das ist eine zentrale Aussage der Bibel, und sie ist mir sehr wichtig.

Josia: Ein DJ aus Berlin für Jesus

Meine Eltern sind Missionare

Eigentlich müsste ich damit anfangen, dass ich aus einer Missionarsfamilie stamme. Meine Eltern sind nach Pakistan ausgesandt worden, als ich gerade mal zwei Jahre alt war. Dass sie diesen Job hatten, hat mein Leben natürlich extrem beeinflusst. Ich bin in Pakistan in einer Mischung aus pakistanischer, amerikanischer und deutscher Kultur groß geworden. Die Missionsgesellschaft meiner Eltern hatte ihren Hauptsitz in Kanada.

Als Kind wurden in meinem Umfeld drei unterschiedliche Sprachen gesprochen: Sindhi, Englisch und Deutsch. So hab ich alle drei Sprachen von klein auf fließend beherrscht.

Meine Eltern haben in Pakistan ein Krankenhaus für Tuberkulosekranke aufgebaut. Dieses Krankenhaus läuft heute unter der Leitung von Einheimischen weiter. Dazu sind noch eine Schule und zwei Gemeinden unter ihrer Leitung entstanden. Es gab dazu auch eine umfassende Evangelisationsarbeit in Dörfern, die immer an eine medizinische Versorgung gekoppelt war. 2010 bekamen sie dort mit dieser extremen Flutkatastrophe zu tun, die überall in den Medien war.

Taliban und Probleme als Weißer

Ich habe noch vier Geschwister, die alle jünger sind als ich. Irgendwann wurde klar, dass ich in der Schule in Pakistan nicht weiterkommen würde. Es gab einfach zu viele Probleme. Weil auch ein Hausunterricht nicht mehr möglich war, entschieden meine Eltern, dass wir Kinder in Deutschland aufwachsen sollten. Es gab aber auch politische Gründe: Der Golfkrieg zwischen den USA und Irak hatte gerade begonnen, und man war plötzlich in Pakistan als Weißer extrem gefährdet. Unser Haus wurde mit Stacheldraht gesichert, und wir hatten die ganze Zeit unsere eigene Security.

Schließlich entschied die Missionsgesellschaft, das ganze Objekt in die Hände der Einheimischen zu übergeben. Alles andere war zu dem Zeitpunkt zu gefährlich. Die christliche Missionsschule im Norden Pakistans, die viele meiner Freunde besuchten, wurde einmal mit Raketen von Taliban angegriffen. Das war ein Internat, auf das ich auch gekommen wäre, hätten sich meine Eltern entschieden, in Pakistan zu bleiben. Ich musste wegen der ständigen Gefahr schon damals tagsüber und abends immer zu Hause bleiben und konnte nie raus.

Ab und zu waren wir für zwei Monate im Urlaub in Deutschland. Nach dem Umzug war ich erst einmal froh, in Deutschland zu sein. Trotzdem fühlte ich mich dort auch nie wirklich zu Hause. Im Grunde war ich immer hin- und hergerissen. Leider sind wir auch in Deutschland laufend umgezogen. Ich wurde irgendwie ständig entwurzelt, woanders hingepflanzt und dann wieder entwurzelt.

Ich habe keine wirkliche Heimat

Wenn man mich fragt, wo ich herkomme, weiß ich nicht, was ich antworten soll. Dementsprechend schwierig fiel es mir, in der Schule und mit der deutschen Kultur klarzukommen. Ich war überhaupt nicht in der Lage, wirkliche Freundschaften zu pflegen. In Pakistan war ich immer der King, weil die pakistanischen Kinder alle unheimlich Respekt vor Weißen hatten. Aber in Deutschland war das natürlich nicht mehr der Fall. Ich hab mal mit einem Mann gesprochen, der eine vergleichbare Situation erlebt hatte, und er sagte zu mir: »Wenn man in so einem Missionarsumfeld aufgewachsen ist, dann braucht man immer die doppelte Zeit, um sich wieder an die Heimat zu gewöhnen.«

Ich hatte einfach totale Probleme, mit anderen Leuten klarzukommen, was sich auch in der Schule bemerkbar machte.

Kontaktschwierigkeiten

Auch in den freien Gemeinden, wo wir als Kinder hingingen, bekam ich in Deutschland nie richtig Kontakt. Ich fand das zwar cool, was meine Eltern machten, aber in diesen Gemeinden wurde immer Druck auf die Kinder ausgeübt. Wir mussten zum Beispiel nach einem ausgefeilten Belohnungssystem irgendwelche Bibelstellen auswendig lernen. Im Grunde wurde mir in der Zeit der Glaube nur eingeredet, eine echte Beziehung zu Jesus hatte ich nicht. So wurde mir auch gesagt, ich muss meinen Glauben vor den anderen bezeugen, was mir immer total unnatürlich und krampfig vorkam.

Irgendwann sind wir in Rüsselsheim gelandet, wo ich die längste Zeit meines Lebens verbracht habe – neun Jahre. In der siebten Klasse wurde ich von den Mitschülern extrem gemobbt. Ich hab immer krampfhaft versucht, überall dabei zu sein, war dabei aber innerlich total verunsichert. In der Zeit hab ich mir aber auch sehr viele Gedanken gemacht, wer ich eigentlich bin. Das kam auch dadurch, dass ich mich auf mein Umfeld einstellen und zu gewissen Themen Stellung beziehen musste.

Neue Freunde, dumme Gedanken und mein Vater

Irgendwann hatte ich ein paar neue Freunde, die keinen christlichen Hintergrund hatten. Über mehrere Jahre gab es eine etwas wildere Zeit. Mit 14 fing es mit Gras und Kiffen an. Ich hatte in der Pubertät ein krass schlechtes Verhältnis zu meinem Vater, weil ich immer das Gefühl hatte, er interessiert sich nicht für mich und mein Leben. Er trat eigentlich nur dann in Aktion, wenn es um Bestrafungen ging, weil ich irgendwie Mist gebaut hatte. Ich war in der Zeit extrem unglücklich. Morgens zur Schule, dann den Tag über kiffen und abends deprimiert ins Bett, auch weil ich mal wieder den ganzen Tag gekifft hatte. Ich hab abends oft gebetet: »Gott, lass das bitte aufhören!«, obwohl ich nicht das Gefühl hatte, dass Gott wirklich in meinem Leben wäre und was ändern könnte. Manchmal haben mich die Zweifel echt aufgefressen. Ich merkte, dass ich aus der Situation nicht allein rauskomme, aber Gott war auch nicht da, um mir zu helfen. Schließlich verboten meine Eltern mir den Umgang mit den Kifferleuten. Im Nachbarort gab es einen Jungen, den ich über eine Gemeindebeziehung kennengelernt hatte. Dieser Freund lud mich dann in eine Jugendgruppe in Groß-Gerau ein. Diese Gruppe traf sich in den Räumen einer evangelischen Freikirche. Dort wurde mir das erste Mal eine andere Art von Christsein gezeigt, was ich so nicht kannte. Die Leute waren locker drauf, unterhielten sich normal, und mir wurde langsam klar, dass man auch anders Christ sein kann, als mir das die Gemeinde immer vorgelebt hatte. Hier merkte ich das erste Mal, dass Jesus nicht nur in den starren Formen wirkt, die man sonst so kennt. Mit dieser Jugendgruppe fuhren wir auch mal auf das Jesusfestival »Freakstock«. 2003 war ich dort das erste Mal im sogenannten Raketenklub, eine Art Bühne für elektronische Musik auf dem Gelände. Dort wurde ich sehr überrascht, denn zum ersten Mal hab ich elektronische Musik in einer Form gehört, auf die ich mich wirklich einlassen konnte. Vorher war für mich dieser Stil immer gleichbedeutend mit Techno, und Techno war kitschige Bumbum-Musik. So gesehen lag hier mein Startpunkt, der später zu meinem Job als DJ geführt hat.

Beginn als DJ

Ich bin recht schnell auf diesem DJ-Ding abgegangen und hab mir das nötige Equipment besorgt. Die ersten Anfragen von Partys, bei denen ich auflegen sollte, kamen dann auch schnell zusammen. Mit der ganzen elektronischen Musik bin ich bei meinen Freunden in der Jugend zuerst nicht so angekommen, weil dort alle mehr auf Rockmusik abgegangen sind. Die Jugendgruppe ist irgendwann auseinandergefallen. Ein Freund, Josha, hatte in Darmstadt so eine Datscha-Sache, die im Internet auch auf diversen Blogs, die ich regelmäßig gelesen habe, im Gespräch war. Da bin ich oft hingefahren. Schließlich hab ich dann wieder den Kontakt zu den Leuten von früher aufgenommen. Zu meiner Überraschung hatte sich bei denen nicht viel verändert, nur die Drogen waren anders.

Wochenende und Techno-Partys

Meine alten Freunde gingen in die Clubs, in die ich auch gehen wollte, und so kam eins zum anderen. Auf einmal feierte ich jedes Wochenende auf Speed oder Ecstasy in Frankfurt und ging auf irgendwelche Tech-House- und Minimal-Partys. Ich hab in dem Jahr die dreckigsten und heftigsten Partys gefeiert. Viele Nächte verbrachte ich in den versifftesten Clubs in Frankfurt. Komischerweise hab ich mich Jesus in der Zeit aber immer sehr nahe gefühlt. Von Anfang an hatte ich das Gefühl, dass ich diese Erfahrung machen muss, wenn ich in diese Szene gehen will. Auch wenn damals sehr viel Mist gelaufen ist, kann ich dieser finsteren Zeit auch etwas Gutes abgewinnen. Ich bekam Einblick in die Sache und ein Verständnis für die Szene, in der ich mich befand.

Kontrolle verloren

Am Anfang war es eigentlich nur ein Experiment, aber dann stellte ich fest, dass ich nicht mehr die Kontrolle darüber hatte. Mir wurde plötzlich klar, dass ich von allein nicht mehr die Kraft aufbringen konnte, von den Drogen und dem Partyleben wieder wegzukommen. Teilweise begegnete Jesus mir dabei sogar ganz krass. An einem Tag war ich zum Beispiel in so einem Club, wo die ganzen jungen Leute voll breit rumstanden und ausgelassen feierten. Plötzlich zeigte mir Jesus, wie diese Leute wirklich drauf sind. Es war fast so, als könnte ich in die Herzen der Menschen sehen und ihre Einsamkeit und Verlorenheit erkennen. Ich konnte dieses Gefühl nicht aushalten, es war so heftig, die Schmerzen dieser Leute zu sehen, dass ich damit nicht klargekommen bin. Im Nachhinein glaub ich, dass Jesus mir auf diese Art erst ein Herz für die Clubszene gegeben hat.
Einmal war ich in einem absolut abgefuckten Undergroundclub in Frankfurt, der erst morgens um sechs Uhr aufgemacht hat. Nur die durchgefeierten Leute kamen hier noch morgens zusammen, weil sie vom Speed und Ecstasy nicht pennen konnten und weiterfeiern wollten. Ich stand – emotional ziemlich fertig, weil sich der depressive Kater vom Ecstasy-Gebrauch anbahnte – auf der Tanzfläche, und plötzlich spürte ich, wie Jesus mich um-

armte und sagte: »Bald ist das alles vorbei! Halte durch, bleib stark! Ich hol dich da raus!« In dem Augenblick hatte ich ein Gefühl von einer unglaublichen Nähe Gottes, das ich bis heute nie wieder so stark empfunden habe.

Was soll ich mit meiner Zukunft anfangen?

Meine Abiprüfungen hab ich krass verhauen, vor allem wegen Prüfungsangst. Ich konnte einfach nicht lernen und sah auch überhaupt keinen Sinn in der ganzen Schulsache.

Irgendwie hab ich dann aber doch mein Abi gerade eben so geschafft, obwohl ich kaum noch in der Schule gewesen war. Dann musste ich mir überlegen, was ich jetzt machen sollte. Diese DJ-Sache wollte ich auf jeden Fall weiterverfolgen. Ich war in der Zeit ein paar Mal in Berlin und fand die Stadt ziemlich geil. Berlin ist weltweit die Hauptstadt für Techno und House. Aber auch von Gott her war für mich klar, dass diese Stadt für meine berufliche Laufbahn wichtig wäre. Jesus hatte mich die ganze Zeit geführt. Es kam mir so vor, als hätte er jeden meiner Schritte im Voraus geplant. Immer, wenn ich eine Entscheidung getroffen hatte, waren die Sachen irgendwie schon von unsichtbarer Hand vorbereitet. Für mich war es schon ein Risiko, nach Berlin zu gehen, denn ich wusste nicht, wie ich finanziell über die Runden kommen sollte. Über Jobs und von dem, was irgendwie so reinkam, hab ich dann mein eigenes Musiklabel gegründet.
Ich hab lange Zeit nicht gewusst, was ich beruflich machen sollte. Ich wollte DJ werden, seit ich 17 war, aber dafür gibt es leider keine Ausbildung. Also hatte ich ständig neue Ideen, hab mir immer wieder was anderes überlegt, war damit aber auch nie zufrieden. Schließlich, nach

einem Jahr Berlin und immer noch ohne Aussicht auf eine Ausbildung, hatte ich einen totalen Nervenzusammenbruch, weil ich dachte, dass ich es einfach nie in meinem Leben auf die Reihe kriegen würde, es zu was zu bringen. Mein Vater kam dann extra nach Berlin gefahren, hat mich nervlich wieder auf den Damm gebracht und sich ein Wochenende lang mit mir gemeinsam damit beschäftigt, was ich beruflich machen könnte. Am Ende kamen wir darauf, dass ich am liebsten Medien- und Musikmanagement studieren würde, was sich auch mit dem DJ-Sein super ergänzt. Leider ist das ein sehr teures Privatstudium, bei dem mich mein Vater aber zum Glück unterstützt. Das war nicht nur für mein berufliches Leben eine große Wende, sondern auch für die Beziehung zu meinem Vater, die früher immer sehr schwierig war.

Kontakt zu den Jesusfreaks

Ich bekam Kontakt zu den Jesusfreaks in Berlin. In meiner Straße wohnte zufälligerweise ein Typ, der auch in die Gemeinde der Freaks ging. Wir haben uns angefreundet und uns auch öfters gegenseitig aus der Patsche geholfen. Das war für mich wie ein Zeichen, weil ich von Anfang an dort einen guten Kumpel hatte.

Berlin

In Berlin wird noch viel krasser gefeiert als in Frankfurt. Trotzdem bin ich hier zunächst nicht in die Kreise reingekommen. Bevor ich nach Berlin gezogen bin, hatte ich die Beziehungen in Frankfurt bereits runtergefahren. In der Zeit hab ich gemerkt, dass man auch feiern kann, ohne Drogen zu nehmen. Ich war relativ oft unterwegs mit neuen Freunden und hab festgestellt, dass es viel besser ist, zu feiern, ohne breit zu sein. Wenn man auf Speed feiert, ist es irgendwie zeitlos, man geht nur auf dem Beat ab. Aber zu Hause fühlte es sich so an, als hätte es nur fünf Minuten gedauert. Und die Depressionen danach waren oft sehr übel. Die Drogensache ist für mich heute total abgeschlossen. Wenn ich heute feiern gehe – und das tue ich immer noch fast jedes Wochenende –, hab ich kein Bedürfnis mehr, etwas einzuschmeißen.

DJ für Jesus

In Berlin bin ich mit Dominik oft auf dem Alex gewesen. Ich hab dort aufgelegt, und Dominik hat Musik gemacht und gepredigt. Eine Frage, die mich immer beschäftigt hat, war, wie ich den Leuten in der Techno-Szene von Jesus erzählen kann. Das nur mit Worten zu tun, wird in der Szene nicht angenommen. Es ist echt schwierig, dort inhaltlich etwas von Jesus weiterzugeben, weil man nicht einfach Lobpreistexte über die elektronischen Beats legen kann. Ich versuche heute, mehr Beziehungen aufzubauen, als nur Feierbekanntschaften zu pflegen. Mittlerweile verstehe ich mich als jemand, der als Künstler Musik macht und mit Jesus seinen Weg geht. Dabei will ich mich weder von Christen noch von Nichtchristen beeinflussen lassen. Ich denke nicht, dass man als Christ in uncoolen Klamotten rumlaufen und nur strange Musik hören muss. Man kann auch ganz normal mit seinem Glauben in einer Szene leben und trotzdem mit Gott unterwegs sein. Das verlangt aber natürlich mehr Stärke und Durchhaltevermögen, als wenn man sich nur mit Christen umgibt. Mir ist es ganz wichtig, dass ich die Sehnsüchte ausleben kann, die Gott mir ins Herz gepflanzt hat, zum Beispiel nach der Musik und nach dieser Szene. Man hatte mir in meiner

Jugend immer vermittelt, dass man entweder Christ und damit Teil irgendeiner christlichen Gruppe sein oder aber in der »bösen Welt« da draußen leben kann. Viele meiner Freunde sind an dieser Vorstellung gescheitert und haben die Sache mit Jesus ganz aufgegeben. Ich habe von Jesus gelernt, dass ich sowohl in einer »weltlichen« Szene sein als auch zu ihm gehören und mit ihm unterwegs sein kann. Das war für mich eine der wichtigsten Entdeckungen an Jesus überhaupt.
Im ganzen DJ-Bereich ist unheimlich viel Konkurrenz, da geht es oft heiß her, und die meisten gucken nur, wie sie sich selbst am besten durchschlagen können. Mir ist es aber voll wichtig, dass man den Leuten gegenüber Nächstenliebe und Respekt zeigt.

Es passiert was

Ich bin jetzt seit zwei Jahren in Berlin, und in der kurzen Zeit hat sich hier superviel entwickelt. Ich lege regelmäßig in Clubs auf, habe einen tollen Freundeskreis, und es gibt mittlerweile auch schon reichlich Kontakte innerhalb der hiesigen Feierszene. Eigentlich hatte ich gedacht, dass es viel länger dauern würde. Parallel zu der Berlinsache hat sich ein Netzwerk entwickelt für Christen, die sich für die Clubszene interessieren. Ich dachte eine Zeitlang, ich bin der einzige christliche DJ in Deutschland, bis ich auf dem Freakstock Albrecht Lorenz traf. Wir haben uns verabredet und gemeinsam »Cross Clubbing« gegründet, ein loses Beziehungsnetzwerk für christliche DJs und alle, die sich sonst noch für die Clubszene interessieren. Es besteht eigentlich nur aus einer Internetseite (www.cross-clubbing.de), einem Forum und einem E-Mail-Verteiler, aber trotzdem wächst es immer weiter, einfach, weil sich die Beziehungen zwischen den Mitgliedern super entwickeln. Zurzeit gibt es über 30 Leute, die sich dort aktiv beteiligen. Es wird eine Vision geteilt, die sich immer weiterentwickelt, ohne dass jemand das forciert hat. Über dieses Netzwerk laufen immer mehr Buchungen, und es wächst total schnell.

Jesus ist die einzige tragfähige Beziehung in meinem Leben

Wenn man immer nur in der dreckigen Partyhölle unterwegs ist, kann das einen ganz schön belasten.
Im Rückblick würde ich sagen, dass ich eigentlich nie ohne Jesus gelebt habe. Ich stand extrem oft kurz davor, mich von Jesus zu verabschieden, aber dann wurde mir schnell klar, dass ich allein nicht klarkomme. Auch wenn ich oft sauer auf Gott war und ihm die Verantwortung für meine Misere gegeben hab, wäre ich nie auf die Idee gekommen, meinen Glauben über Bord zu schmeißen. Jesus hat mir immer Halt gegeben, egal, was um mich herum passiert ist. Da ich ja ständig unterwegs war, kam ich nie in die Lage, über längere Zeit Freundschaften aufzubauen. Aber Jesus war die ganze Zeit mein Freund, und es gibt niemanden, zu dem ich so eine tragfähige Beziehung habe wie zu Jesus.

Eine Jesusbeziehung könnte vielen helfen

Das Krasse ist, dass ich immer das Gefühl habe: So eine Beziehung könnte den Leuten echt helfen, aber sie sehen es irgendwie nicht. Ich kenne viele Leute, die aus christlichem Elternhaus kommen, wie ich. Ganz viele davon sind irgendwann enttäuscht worden und von Jesus weggekommen. Oft wurden sie nicht von ihrer Gemeinde aufgefangen und sind krass verletzt worden. Ich bin Jesus unheimlich dankbar, dass ich trotz vieler Enttäuschungen und Verletzungen immer bei ihm geblieben bin und meinen Glauben nicht verloren habe. Wenn ich mit Leuten aus der Szene über Jesus spreche, dann komme ich oft zu dem Punkt, an dem ich nicht mehr weiterweiß. Manchmal werde ich gefragt: »Was kann ich machen, um Gott zu erleben?« Ich glaube, dass man den Leuten noch so viele Storys erzählen kann, sie müssen Gott einfach selbst erleben. Darum erzähle ich heute nicht mehr so viel von meinen Geschichten mit Jesus, sondern ich sage ihnen: »Bete zu Jesus, sag ihm, dass du ihn selbst erleben willst! Wenn dann was passiert, musst du dir überlegen, ob du mit ihm etwas anfangen kannst oder nicht!« Man muss einfach vertrauen, dass Jesus etwas macht, wenn die Leute zu ihm beten. Mit so einem Gebet geht der Beter ja kein Risiko ein. Er hat nichts zu verlieren; wenn nichts passiert, muss er sich auch nicht verändern.

Jesus hat einen Plan für mich

Ich glaube, viele Leute haben Angst davor, sich für Jesus zu öffnen. Der Teufel schürt diese Angst; er sorgt dafür, dass sich die Menschen auch vor Jesus fürchten und denken, sie müssen alles hergeben, was ihnen wichtig ist und Spaß macht, sobald sie mit Jesus unterwegs sind. Und Jesus hat auch oft Pläne, die man nicht versteht. Man selbst würde es lieber ganz anders machen. Ich hatte oft dieses Bild: dass man im Leben mit Jesus wie in einem absolut schwarzen Raum einen Schritt ins dunkle Nichts setzen muss. Das hat mir anfangs große Angst eingejagt. Ich hab viele Anläufe gebraucht, bis ich es überhaupt einmal versucht habe. Aber mittlerweile ist das bei mir zur Normalität geworden. Ich finde es sicherer, das zu tun, was Jesus sagt, als das, was ich für richtig halte. Denn Jesus lässt jedes Mal auf irgendeinem Weg, den ich mir nie erträumt habe, direkt unter meinen Füßen neuen Boden entstehen. Wenn ich immer meinen eigenen Weg gegangen wäre anstatt den Weg, den Jesus mir vorgeschlagen hat, dann würde ich wahrscheinlich immer noch in der dreckigen Industriestadt Rüsselsheim wohnen, in der ich mich furchtbar unwohl fühlte. Ich würde irgendwas studieren, das mich nicht interessiert, und wahrscheinlich jedes Wochenende vollgepumpt mit Drogen in irgendwelchen Clubs rumhängen. Und ich hätte vermutlich nur mit Leuten zu tun, die mich noch weiter da reinziehen.

Eine Sache, die ich an Jesus echt geil finde, ist: Ich hab das Gefühl, dass er immer einen Plan für mein Leben hat. Dabei denken viele, dass dieser Plan etwas ist, wozu ich mich überwinden muss. Ich habe bei mir aber das Gegenteil festgestellt. Jesus hilft mir, mich total zu verwirklichen, und unterstützt dabei meine Vorlieben. Ja mehr noch, er gibt meinen Vorlieben dadurch sogar erst wirklich einen Sinn.

Verena: Die Orgel, der Papst und Jesus

Kindergarten und Kindergottesdienst

Mein Name ist Verena, ich wohne in Baden-Württemberg und bin 17 Jahre alt. Ich bin schon immer in die Kirche gegangen. Meine Eltern haben mich taufen lassen, als ich noch ein Baby war. Später wurde ich in einen katholischen Kindergarten gesteckt. Wir haben dort verschiedene christliche Feste gefeiert, Erntedank und so was. In meiner Kindheit haben wir im Kindergarten Stücke eingeübt, die wir dann im Gemeindegottesdienst aufgeführt haben. Darin wurden verschiedene christliche Symbole beschrieben. Zum Beispiel gab es ein Stück, in dem es darum ging, warum Ernte und Erntedank wichtig sind. Oder zu Weihnachten haben wir die Weihnachtsgeschichte dargestellt mit den Heiligen Drei Königen und wie Jesus in der Krippe liegt. Ich hab eine gute Erinnerung an diese Zeit.
Als ich etwas älter war, gab es sonntags immer Kindergottesdienste. Der Gottesdienst dauerte erst einmal nur eine halbe Stunde im Gemeindehaus. Dort wurde eine Lesung aus der Bibel gehalten, und dann haben wir drüber gesprochen. Manchmal haben wir auch Kerzen verziert, die ja ein Symbol für Christus, das Licht, sind. Dieses Licht wurde anschließend in den großen Gottesdienst gebracht, wo wir dann noch den Rest der Zeit bleiben durften.

Kirche war wie Kino

Diesen Kindergottesdienst, bei dem die Mütter natürlich immer dabei waren, besuchten Kinder von klein auf, bis sie zehn Jahre alt waren. Als Kind saß ich da immer in der Kirchenbank und starrte den Pfarrer die ganze Zeit an. Meine

Mama hat mir erzählt, dass ich einmal aus der Bank rausgesprungen und zum Altar gelaufen bin, weil ich so neugierig war. »Ich bin nur schauen gegangen, was der Pfarrer so macht«, soll ich gesagt haben. Die Kirche war für mich so, als würde ich ins Kino gehen, aber regelmäßig, jeden Sonntag. In der Familie haben wir sonntags immer gebetet, zumindest mittags vor dem Essen. In der Woche während der Schulzeit bin ich mittags immer allein zu Hause, weil meine Eltern arbeiten. Wenn ich allein bin, vergesse ich oft, vor dem Essen zu beten, da denke ich einfach nicht dran.

Orgelunterricht

Die Orgel hat mich schon immer fasziniert, darum wollte ich auch lernen, sie zu spielen. Vor dem Unterricht muss ich manchmal länger in der Kirche sitzen und warten, bis ich dran bin. Dann denke ich oft über den Tag nach und frag mich, ob Jesus mir irgendwo helfen kann. Ich brauche seine Hilfe zum Beispiel in der Schule. Aber manchmal brauche ich ihn auch, wenn es Konflikte mit den Eltern gibt. Dann bete ich, dass er mir dabei hilft.

Führerscheinprüfung mit Jesus

Ich hab vor vier Monaten den Führerschein gemacht und hatte echt Angst. Als dann die Prüfung kam, hab ich Jesus sehr viel darum gebeten, dass er mir dabei hilft. Auch meine Oma hab ich angerufen, damit sie die ganze Zeit für mich betet. Bei der Prüfung hab ich voll gemerkt, wie Jesus da war und alles geführt hat. Ich brauchte nur einen Prüfungstermin und war total froh, dass ich den beim ersten Versuch bestanden hab. Es ist immer sehr gut, zu wissen, dass Jesus hinter mir steht.

Wie ich bete

Ich bete nicht immer und die ganze Zeit. Meistens versuche ich, abends mit Jesus zu reden, aber ich vergesse es auch. Aber es gibt Tage, da lieg ich im Bett und kann gar nicht aufhören zu beten. Das geht dann manchmal eine halbe Stunde lang oder sogar eine ganze. Ich hab immer an Gott und Jesus geglaubt, solange ich denken kann. So richtig schlimme Zweifel hatte ich noch nie. Sogar der Religionsunterricht macht mir Spaß. Ich kann mir eigentlich nicht vorstellen, dass sich das mal ändern wird.
Vorm Einschlafen denke ich immer über den Tag nach und bete zu Jesus. Dann frag ich ihn auch, was ich falsch gemacht hab. Meine Oma hat mir früher immer gesagt, ich soll mich hinknien beim Beten – so, wie auf den Bildern von der Bernadette aus Lourdes. Das mach ich aber nur ganz selten. Manchmal lese ich in der Bibel.

Kommunion, Firmung und Beichte

In der Katholischen Kirche kommt für Kinder erst immer die Erstkommunion mit dem Kommunionunterricht. Der Unterricht hat mir großen Spaß gemacht. Es gibt bei uns unterschiedliche Modelle dafür. Erst hatte ich ein halbes Jahr Vorbereitung. Dort haben wir uns jeden Monat einmal getroffen, dann aber immer gleich einen halben Tag. So ein Tag hatte folgenden Ablauf: Am Anfang wurde erst mal gebetet. Dann hat man uns Inhalte aus dem christlichen Glauben erklärt. Der Unterricht wurde dabei zum Teil von Müttern aus der Gemeinde gestaltet. Die haben uns erzählt, wie man zur Beichte geht und was da genau passiert. Auch, was Kommunion eigentlich bedeutet, haben die uns beigebracht. Es gab ein Treffen am Beichttag mit Kaffee und Kuchen. Zur Beichte, die etwas sehr Be-

freiendes hatte, durfte ich das erste Mal im Rahmen von diesem Kommunionunterricht gehen.
Der krönende Abschluss ist dann die Kommunion, wo man zum ersten Mal die Hostie empfangen darf. Das passiert als Teil einer Messe. Die Mädchen kommen dort immer in einem weißen Kleid, um damit die Taufe noch einmal zu symbolisieren. Die Jungen kriegen manchmal auch ein weißes Gewand angezogen.
Bei der Firmung wird man vom Heiligen Geist bestärkt, es ist sozusagen eine Bestärkung zum Leben. Für die Firmung gibt es auch einen Unterricht. Bei mir lief er über drei Samstage. Der Unterricht ging um zehn Uhr los und war erst um 17 Uhr zu Ende. Die Firmung an sich findet auch wieder in einem Gottesdienst statt, aber diesmal ohne ein weißes Gewand. Da kommt extra der Bischof und salbt den Firmling mit Chrisam-Öl. Bei der Vorbereitung hab ich gedacht, das wäre halt so ein Akt, den man einfach machen muss. Aber mit der Zeit hab ich festgestellt, dass ich tatsächlich viel selbstbewusster geworden bin und plötzlich die Kraft habe, auch zum Glauben zu stehen. Ich führe das auf ein Wunder zurück, das Jesus durch den Heiligen Geist in der Firmung an mir gemacht hat.
Die Firmung findet immer kurz nach Pfingsten statt, weil man Pfingsten ja auch den Heiligen Geist feiert, die Kommunion immer eine Woche nach Ostern. Diesen besonderen Sonntag nennt man auch den »Weißen Sonntag«.

In der Schule

Einige Mitschüler und meine besten Freunde wissen, dass ich an Jesus glaube. Der Rest der Klasse weiß es eigentlich nicht. Es gab schon einige Situationen in der Schule, wo ich meinen Glauben bezeugen musste. Zum Beispiel war da mal eine Stunde im Kunstunterricht. Es ging dort um die

Erklärung, wie die Welt entstanden ist. Plötzlich hat der Lehrer die Klasse gefragt: »Wer hier ist Katholik?«, und ich hab mich nicht gemeldet, weil ich mich nicht getraut habe. Und dann hat er gefragt, wer von den Schülern regelmäßig in die Kirche geht, und da hatte ich meine Hand oben. Später haben mich die Mitschüler gefragt: »Was? Du gehst jeden Sonntag in die Kirche?« Ich habe dann geantwortet: »Ja, es gehört ganz fest zu meinem Leben!«

Gottesdienst

Manchmal gibt es Sonntage, an denen man morgens denkt: »Ach, bleib doch liegen. Du musst ja nicht in den Gottesdienst gehen!« Aber dann bin ich immer froh, doch aufgestanden und gegangen zu sein.
Wenn ich im Gottesdienst die Orgel spiele, bete ich vorher immer zu Jesus, dass er mir dabei hilft, meine Sache gut zu machen. Dabei hab ich schon oft erlebt, dass ich an den Tagen vorher immer total viele Fehler drin hatte, aber dann hab ich mich nicht einmal verspielt. Ich bete einfach zu Jesus, und es klappt!
Ich bin auch Obermessdienerin. Wir treffen uns einmal im Monat mit allen Ministranten und reden über Gott und die Welt.
Mit der Predigt im Gottesdienst geht es mir ganz unterschiedlich. Mal höre ich aufmerksam zu, aber manchmal denke ich auch: »Hör doch bitte auf!« Manche Predigten sind halt mehr für Erwachsene formuliert. Im Oktober haben wir wieder einen Jugendgottesdienst, darauf freu ich mich schon. Wer dort predigt, entscheiden wir im Jugendausschuss. Zurzeit nehmen wir immer die Bibellesung vom jeweiligen Sonntag. Aber einer liest auch immer den Text aus der Volxbibel zum Vergleich, weil sie besser verständlich ist.

Wenn es jemandem nicht gutgeht

Wenn es jemandem in meiner Klasse schlechtgeht, kann ich ihm oder ihr ganz unterschiedlich helfen. Zum Beispiel kann ich anbieten, dass er mit mir zum Pfarrer geht. Derjenige kann auch versuchen, einmal mit in einen Gottesdienst reinzuschauen und zu sehen, ob er da was spürt. Vielleicht würde ich einer Mitschülerin auch einfach mal die Kirche zeigen, um zu sehen, ob sie dort mit Jesus in Kontakt kommt. Oder ich würde einfach mal versuchen, mit ihr zu beten, auf einfache Weise. Es gab mal eine Situation, wo ich bei einer Freundin zu Besuch war. Sie hat mir erzählt, dass es ihr nicht gutgeht. Dann hab ich ihr gesagt: »Ich bete jetzt für dich.« Sie hat darüber gelächelt, aber ich hab es trotzdem gemacht. Dieses Gebet hat ihr aber wirklich geholfen, und mit der Zeit wurde auch für sie ganz klar, dass Jesus Gebete wirklich erhört.

Ministranten-/Messdienerwallfahrt und der Papst

Am Weltjugendtag in Sidney 2008 hab ich nicht teilgenommen, da war ich noch zu jung. Aber ich war auf der letzten Ministrantenwallfahrt, die nach Rom ging. Dort haben wir auch den Papst getroffen. Es gab eine Papstaudienz mit 50 000 Ministranten. Die meisten kamen aus Deutschland. Dafür mussten wir allerdings sehr früh raus, und es war sehr heiß. Bevor man auf den Petersplatz darf, muss man durch total viele Kontrollen durch. Weil wir so eine große Truppe waren, haben wir versucht, auf die Schweizergarde einzureden, dass wir ganz nach vorne durften. Wir haben die Garde zehn Minuten lang genervt, und dann hat es tatsächlich geklappt. Ich stand zehn Meter von Papst Benedikt entfernt! Die Stimmung unter allen Jugendlichen war toll, viele haben laut gejubelt, als der Papst ankam. Und dann haben wir gemeinsam zu Jesus gebetet, allein das war ein echt tolles Erlebnis. Ich hätte nicht gedacht, dass es so viele Jugendliche gibt, die da hinfahren wollen, nur um den Papst zu sehen. Für mich ist er die rechte Hand Gottes. Ich hab mich ihm ganz nah gefühlt. Das würde ich echt jedem empfehlen, der es mag, mit vielen Christen zusammen zu sein.

Was ich jemandem sagen würde, der auf der Suche nach Gott ist

Wenn mich jemand fragen würde, wie man Gott findet, dann würde ich ihm raten, einfach mal in die Kirche zu gehen, in der Bank zu hocken, still zu werden und in sich hineinzuhören. Und er sollte mal in die Bibel reinschauen und ein paar Seiten daraus lesen. Und schließlich sollte er mal versuchen, zu Jesus zu beten. Es gibt auch im Internet ein paar gute und hilfreiche Anweisungen. Das sollte man sich durchlesen und dann selbst mit Gott reden. Eine weitere Idee ist, dass derjenige einfach mal aufschreibt, was ihn bedrückt. Wenn er es dann aufgeschrieben hat, kann er das Ganze in ein Gebet an Jesus verpacken.

Ich finde ja auch, dass der Glaube vor allem so ein Gemeinschaftsding ist. Das bedeutet: Es ist viel schöner, wenn man mit anderen zusammen den Glauben feiert als nur allein.

Wer Jesus für mich ist

Jesus ist für mich der Sohn Gottes. Ich gehöre auf jeden Fall durch die Taufe zu ihm. Ich bin seitdem ein Teil von seinem Team. Jesus begleitet mich immer, wie ein Papa. Er wird mich irgendwann mal, wenn ich sterbe, erlösen, und dann bin ich ganz bei ihm, im ewigen Leben.

Paul Benjamin: Erst Goa, Techno und dann Jesus

Streit mit dem Vater

Ich bin in einem gutbürgerlichen Elternhaus aufgewachsen. Bis zu meinem zwölften Lebensjahr war eigentlich alles richtig schön, obwohl ich auch mal Stress mit Familienmitgliedern oder Jungs aus dem Ort hatte. Als ich ca. zwölf Jahre alt war, fing ich an zu klauen. Irgendwann wurde ich dabei erwischt, und es gab eine heftige Auseinandersetzung zwischen mir und meinem Vater. Danach hasste ich ihn nur noch und wollte so schnell wie möglich ausziehen. Mit meinem Vater war ich fertig, ich war nicht mehr bereit, weiter mit ihm unter einem Dach zu wohnen. So, wie ich ihn bei dieser Auseinandersetzung erlebt hatte, kannte ich ihn gar nicht, und es machte mir auch Angst.

Schulstress und Schlägereien

Zwischen meinen Eltern gab's ständig Streit, und bald schon zog mein Vater aus. Zu dieser Zeit ging ich auf das Gymnasium. Meine Noten ließen zu wünschen übrig, Hausaufgaben machte ich eigentlich nie, vielleicht mal gerade noch so auf dem Weg zur Schule. Deswegen folgte ein blauer Brief nach dem anderen. Ich war ein cooler Typ, zumindest standen die Mädels auf mich. Aber die Lehrer hatten mich auf dem Kieker. Überall ließ ich den Coolen raushängen, fing an zu rauchen, zu saufen und hatte ständig eine neue Freundin. In der Schule war ich durch das, was ich draufhatte, ziemlich angesagt. Auf der anderen Seite gab es ständig Stress, weil sich andere Jungs mit mir messen wollten. An einem Tag schlug ich einem Mitschüler bei einem Konflikt derart auf den Mund und die Zähne, dass er in einem Schwall ganz viel Blut aus seinem Mund auf mich spuckte.

Sex mit 13, und alles wird immer krasser

In der sechsten Klasse hatte ich meine erste richtige Freundin. Mit ihr hatte ich auch den ersten Sex. Ich war gerade erst 13, und sie war zwölf Jahre alt. Die Beziehung zu meiner Freundin war teilweise ganz gut und teilweise voll daneben. Wenn ich besoffen auf einer Party war, knutschte ich heimlich mit ihrer Freundin rum. In der Zeit fing es dann auch in anderen Bereichen an, immer krasser zu werden. Ich klaute bei meiner Mutter, bei meinen Großeltern und auch in den Geschäften in der Gegend. Vor allem Zigaretten und Schnaps ließ ich dabei mitgehen.

Kontakt mit Drogen

Durch meinen älteren Bruder und Cousin kannte ich die etwas Älteren, die auch mit Drogen zu tun hatten. So kam ich mit 13 Jahren an meinen ersten Joint, den ich dann heimlich im Wald rauchte. Bei meinem besten Freund hingen immer viele Leute rum, die Drogen konsumierten. Es wurde ständig gekifft, und ich hörte auch irgendwelche krassen Storys von Leuten, die Ecstasy-Pillen oder LSD eingeworfen hatten. Als dann in einem Nachbarort eine Goa-Party veranstaltet wurde, ging ich mit einem Freund dorthin.

Die erste Goa-Party

In der Schutzhütte, in der die Party stattfand, war es ziemlich düster, sie war nur mit Schwarzlicht beleuchtet. Schwarzlicht sorgt dafür, dass weiße Baumwollsachen, aber auch Phosphorfarben im Dunkeln krass leuchten. An der Wand hingen Bilder von irgendwelchen Gestalten und Hindugöttern, glaub ich, die mit solchen Phosphorfarben gemalt waren. Schließlich wurden ich und mein Freund gefragt, ob wir Ecstasy-Pillen oder so was klarmachen könnten, weil es auf der Party keine mehr gab. Wir hatten aber natürlich nichts. Die Techno-Trance-Musik faszinierte mich aber von Anfang an, und Tanzen war sowieso mein Ding.

Speed entsprach meiner Persönlichkeit

Als ich gerade 15 war, besorgte mein damaliger bester Freund ein Gramm Speed bei einem Typen, der krass Drogen feierte. Dieses Speed – oder auch Pepp genannt – zieht man durch die Nase ein. Wir nahmen das Zeug in meiner alten Schule. Nach meiner ersten Nase von dem Zeug merkte ich erst mal gar nix. Doch als ich den Einschlag nach der zweiten Nase spürte, hob ich fast ab. Weil ich eh gern Action hatte und tanzte, war dieses Zeug für mich genau der richtige Beschleuniger. »Genau mein Ding!«, dachte ich damals.

Und dann zieht jemand den Stecker …

Am selben Abend besorgten wir uns gleich das zweite Gramm und redeten die ganze Nacht bis zum nächsten Morgen. Am liebsten wollte ich, dass dieser Flash niemals aufhört. Morgens, als es hell wurde, war es für mich plötzlich so, als ob jemand den Stecker zieht. Ich fiel von einem Moment des Glücks in ein großes seelisches Loch. Die schönen Feelings waren weg, stattdessen kamen heftige Depression, Angst und Hilflosigkeit. Als ich diese miesen Feelings hatte, war mein Freund plötzlich wie verwandelt, nahm mich in den Arm und tröstete mich. Er redete zu mir, und es war, als ob Gott durch ihn zu mir spräche. Er sagte mir im Grunde, dass er mich beschützen und auf mich aufpassen wird. Das hat mich voll berührt, und mir ging es wieder gut. Trotzdem wollte ich unbedingt weiter Speed nehmen. Kiffen war in der Zeit schon relativ normal. In meinem neuen Freundeskreis kifften wir von morgens bis abends. Wenn wir nichts zu kiffen dahatten, waren wir völlig unfähig, etwas miteinander anzufangen. Unsere Unterhaltungen drehten sich nur noch um den Kick, wie es das letzte Mal war und woher wir wieder etwas bekommen könnten.

Ich wurde zum Drogenprediger

Drogen zu nehmen begeisterte mich dermaßen, dass ich alle meine Freunde davon überzeugen wollte, es auch mal auszuprobieren. Wenn ich selbst irgendeine neue Droge zum zweiten Mal nahm, brachte ich gleich mindestens drei oder vier Einheiten mit und ließ die anderen probieren. Ich musste jeden mit meiner Euphorie anstecken. Im Grunde war ich so was wie ein kleiner Drogenprediger.

Das erste Mal Ecstasy- (oder XTC-) Pillen

Irgendwann gab es bei uns wieder eine Goa-Party. Auf dieser Party nahm ich das erste Mal XTC-Pillen. Ich tanzte sieben Stunden lang, und wenn ich nicht tanzte, redete ich ununterbrochen. Der Kick war so krass, dass ich bald wieder eine nehmen wollte. In der Folgezeit hatte ich dann recht schnell nichts mehr unter Kontrolle. Es ging nur noch ums Abfeiern, Tanzen, Labern. Ein normaler Zustand ohne Drogen war bald nichts mehr für mich. Von da ab ging alles ganz schnell. Ich wusste immer Bescheid, wo es Drogen gab, und fing irgendwann sogar damit an, selber welche zu verkaufen. Als ich das erste Mal 20 Pillen besorgte, um welche davon zu verticken, nahm ich selber ca. acht Stück nacheinander. Weil ich dann so breit war, verschenkte ich fast alle anderen, denn ich wollte, dass alle das gleiche tolle Gefühl haben sollten wie ich.

Ich hatte beim Sport keine Kraft mehr

In der Schule lief gar nichts mehr, aber das war mir auch egal. Nur, dass ich auch in Sport voll schlecht wurde, ärgerte mich. Früher lief ich Leichtathletik-Kreisrekord, jetzt lief ich nur noch mittelmäßige Zeiten. Leute, die ich früher mal locker geschlagen hatte, überholten mich fast. Ich hatte einfach keine Kraft mehr. Bei einem Volleyballturnier nahm ich deswegen vorher Speed, damit meine Leistungen besser waren. Die Kluft zwischen dem, was ich auf Drogen konnte, und dem, was ich ohne Drogen konnte, wurde immer größer.

Der erste Zusammenbruch und eine neue Freundin

Irrerweise dachte ich, dass die Droge das Einzige wäre, was mich noch trug. Wenn ich sie nahm, hatte ich noch Kraft und gute Gefühle. Wenn ich nix drin hatte, war ich wie leblos. Trotz 1,83 Meter Größe wog ich bald nur noch 58 Kilogramm. In dieser Zeit war ich ständig auf Techno-Raves und Goa-Partys. Irgendwann, nachdem ich drei Tage auf Droge ununterbrochen wach gewesen war, kam ich nach Hause. Dort brach ich vor meiner Mutter einfach zusammen. Ich bat sie um Hilfe und sagte ihr, dass ich nicht mehr weiterwisse.

Wir gingen gemeinsam zur ambulanten Suchtberatung und zum Jugendamt. Schließlich beschlossen wir gemeinsam, dass es für mich besser wäre, in ein betreutes Wohnheim zu ziehen. Da war ich gerade 17. In dieser Einrichtung wollte ich ein neues Leben beginnen. Ich lernte dort aber schnell ein Mädchen kennen, und wir verliebten uns sehr stark ineinander. Ich dachte, dass es mit ihr an der Seite bergauf gehen würde. Alle sagten, wir wären voll das Traumpaar. Sie hatte mit Drogen nix am Hut, was gut für mich war.

Lügen, Streit und Sucht in der Beziehung

Um meine Drogensucht zu verbergen, log ich meine Freundin an. Es entstand so eine Art Hassliebe zwischen uns. Weil wir uns brauchten, klammerten wir uns voll aneinander. Und dann stritten wir uns wieder sehr hart. Weil meine Freundin abnehmen wollte, kam sie auf die Idee, es mit Drogen wie Ecstasy und Speed auszuprobieren. Klar wollte ich feiern, und so besorgten wir uns alle Drogen. Tagelang schossen wir uns mit dem Zeug ab, bis wir total paranoide Zustände erreichten. Mit der Zeit wurde es immer krasser, bis ich ständig mehrere Tage und Nächte hintereinander auf Droge wach war. Da meine Freundin und ich uns trotz aller Probleme liebten, entschlossen wir uns zu heiraten. Die Ehe war aber schnell ein Scherbenhaufen, und meine Drogenexzesse wurden immer heftiger.

Mein erster Schrei zu Jesus

Ich weiß nicht mehr genau, warum, aber in einem Moment, in dem ich einen Schlussstrich unter mein Leben ziehen wollte, schrie ich plötzlich zu Jesus: »Jesus, wenn es dich gibt, dann hilf mir jetzt! Ich kann nicht mehr! Wenn es dich gibt, dann hilf mir heute und nicht irgendwann! Ich brauch dich sofort, jetzt, sonst ist es vorbei! Wenn du mir jetzt nicht hilfst, mach ich Schluss!« Dann war ich plötzlich irgendwie weggetreten. Als ich wieder zu mir kam, lag ich flach auf meiner Couch, meine Beine und Arme überkreuzt, so, wie man in einem Sarg liegt. Um mich herum war irgendwie so ein Leuchten, ein Schein. Und ich spürte eine starke Energie, einen Frieden und Trost. Ich lag sehr lange dort und weinte die ganze Zeit. Nach einer Weile hatte ich wieder Kraft in mir und stand auf.

Ein Brief an Jesus

Jetzt packte ich einen Stift und einen Block ein, nahm Zigaretten mit und ging auf unseren Dachboden. Dort legte ich eine alte Matratze hin, organisierte einen alten Topf als Aschenbecher und umhüllte mich mit einer Decke. Seitdem ich dort flach auf der Couch gelegen hatte, war irgendwie eine ganz spürbare Gegenwart von Gott um mich herum. Ich fing an, auf die Zettel an Jesus zu schreiben, ihm alles zu schreiben, was mich innerlich so bewegte. Meinen Hass, meine Schuld, meine Reue, meine Fragen, alles schrieb ich ihm. Auf dem Zettel bat ich Jesus, mein ganzes Leben zu übernehmen, weil ich es selbst vergeigt hatte.

Gott war in mein Leben gekommen

Kurze Zeit später kamen meine Frau und eine Freundin zu Besuch. Ganz freundlich fragte ich, ob sie mir bitte ein Handy geben würden, damit ich meinen Bruder anrufen könnte. Als ich seine Nummer wählen wollte, klingelte es plötzlich. Es war mein Bruder! Er hatte irgendwie gewusst, dass es mir nicht gutging. Ich fragte, ob ich zu ihm kommen könne, und er sagte »Ja«. Als ich dann bei ihm war, konnte ich nicht mehr sprechen. Meine Gedanken waren total durcheinander, und mir fehlten die Worte, um auszudrücken, was in mir los war. Aber dann fiel mir ein, dass ich die beschriebenen Zettel dabeihatte, auf denen alles stand. Ich holte sie raus, und er las, was ich dort notiert hatte.

Im Rückblick kann ich heute sagen, dass Gott mein Gebet gehört hat. Als ich nicht mehr weiterkonnte, war er da. Als ich meinen Bruder anrufen wollte, rief mein Bruder mich plötzlich an. In dem Moment, als ich nicht mehr sprechen konnte, gab es diese Zettel, auf denen ich vorher alles aufgeschrieben hatte. Das waren alles eindeutige Zeichen für mich, dass Gott in mein Leben gekommen war.

Die heftige Begegnung mit Jesus auf Droge und ein Glaubensbekenntnis

Trotzdem war es mit den Drogen noch nicht ganz vorbei. Angeregt durch ein Buch, was ich von einem Freund geschenkt bekommen hatte, wollte ich unbedingt weitere LSD-Erfahrungen machen und blieb auf dem Zeug hängen. Wenn ich auf Partys ging, nahm ich fast immer dieses Zeug und philosophierte die ganze Zeit rum. Einmal hatte ich wieder einiges intus und wollte meine Gedanken aufschreiben, die ich gerade hatte. Währenddessen bemerkte ich plötzlich, dass ich gerade mein persönliches Glaubensbekenntnis an Gott den Vater, Sohn und Heiligen Geist schrieb. Sofort kam wieder eine heftige Gegenwart Gottes über mich. Ich fing an zu weinen, und alle meine Sünden und Vergehen taten mir plötzlich unendlich leid. Ich war zutiefst über mein bisheriges Leben erschüttert. Und dann empfing ich im gleichen Atemzug plötzlich solch eine heftige Liebe, dass ich nur noch weinen konnte. Jesus liebt mich vollkommen, obwohl ich so ein kaputter und übler Typ war. Diese Kraft, die da auf mich kam, war heftiger als alle Drogen, die ich jemals genommen hatte. Mein gebeugter Rücken richtete sich auf, innere Lasten fielen von mir ab. Dann musste ich mich übergeben, so, als ob mich etwas verlassen müsste. Immer wieder kamen kraftvolle Schübe von Glück, Liebe und einem tiefen Frieden über mich. Das war definitiv besser als jeder Drogencocktail, und es war vor allem echt. In meinem Herzen erkannte ich, dass Jesus der Weg, die Wahrheit und das Leben ist. Auch verstand ich plötzlich manche Irrtümer, in denen ich lange Zeit gelebt hatte. Zum Beispiel wurde mir klar, dass ich anderen Schriften mehr geglaubt hatte als dem, was in der Bibel steht. Ich wusste auf einmal, dass die Sachen, die dort drinstehen, die Wahrheit sind. Diese Erkenntnis war ganz tief, so etwas hatte ich vorher noch nie erlebt.

Endlich bei Jesus angekommen

Währenddessen spielte sich auf einmal ein Film vor meinem inneren Auge ab. In dem Film wurde mein jüngerer Bruder vor Gericht für seine Vergehen angeklagt. Unter Tränen rief ich dem Richter zu, dass ich die Strafe auf mich nehmen wollte, damit mein Bruder freikäme. »Nimm mich für ihn.« Und da sagte Jesus plötzlich zu mir: »Und das habe ich für dich getan.« Ich verstand, dass Jesus am Kreuz für meine Sünden gestorben und wieder von den Toten auferstanden war. Und ich kapierte auch, dass er jetzt immer noch lebt. Das ging so in mein Herz, dass ich sehr lange weinen musste. Jesus liebt mich so, wie man seinen jüngeren Bruder liebt! Ich verstand, dass ich nun der Bruder von Jesus war und Gott mein Vater ist. Ich wusste jetzt auch, dass ich frei war, keine Drogen mehr nehmen musste und ein neues Leben bekommen hatte. Die Erfüllung, die ich hier erlebte, war besser als alle Erfüllung durch Drogen. Meine Suche nach echtem Leben hatte ein Ende! Endlich war ich angekommen, endlich zu Hause. Ich würde nie mehr allein sein, denn Gott war jetzt bei mir. Dieses Erlebnis mit Jesus, diese echte Glückseligkeit, Liebe, Vergebung und Befreiung, dauerte viele Stunden. Danach war ich im Herzen verändert.

Ein schlimmer Rückfall

Einige Zeit später hatte ich einen krassen Rückfall. Zwar hatte ich jetzt einen starken Anfang mit Jesus gemacht, war aber nicht in der Lage, auch einen neuen jesusmäßigen Lebensstil durchzuziehen. Ich war zu leichtsinnig und schwach, also nahm ich wieder etwas. Und es kam gleich ganz hart, ich nahm eine Überdosis und lag bewegungsunfähig auf dem Boden. Voller Angst dachte ich, jetzt müsste ich sterben. Ich wäre nicht mehr in der Lage, mich von Leuten zu verabschieden, mich zu entschuldigen, und ich hatte voll Angst vor dem, was auf mich zukam. Ich fürchtete mich vor dem Tod und dass dann alles aus sein würde. Plötzlich kam wieder die starke Gegenwart Gottes in den Raum, ein Gefühl von Trost und Frieden. Sofort war ich beruhigt und wusste: Wenn ich jetzt gehen muss, komm ich direkt in die Arme von Jesus. In einer Vision sah ich, wie Jesus sein Kreuz auf den Berg von Golgota trug. In der echten Geschichte wurde ein Mann namens Simon zu ihm gerufen, um ihm beim Tragen zu helfen. Es war so, als ob ich Jesus helfen sollte, das Kreuz auf den Berg zu tragen. Er sagte, dass er mit meinem Leben etwas vorhätte und dass ich nicht sterben müsste.

Christliche Therapie

Später entschied ich mich, eine christliche Therapie zu machen. Mir war schon klar, dass Jesus frei macht, aber mein Lebensstil war so daneben, dass ich weitere Hilfe benötigte, um meine eingefahrenen Lebensmuster zu verändern. Weil ich wohl auch für die Mitarbeiter der Drogenreha ein Grenzfall war, stand es in Frage, ob sie mich überhaupt nehmen würden. Aber ich wollte vor allem mehr von Jesus, ich wusste, dass nur er der richtige Weg ist und dass ich ihm folgen will. Zum Glück nahm mich die Einrichtung dann doch an. Nach meiner Ankunft bekam ich eine Begrüßungskarte. Ich traute meinen Augen kaum, aber auf der Karte war das gleiche Bild von Jesus aufgedruckt, das ich bei der Vision während meiner letzten Überdosis gesehen hatte. Jetzt war für mich alles klar: Dies war der richtige Ort!

Clean

Ich bin jetzt seit fast fünf Jahren völlig drogenfrei. Vor ungefähr eineinhalb Jahren hat Jesus mich in die Goa- und Techno-Szene zurückgeschickt, um dort den Drogensüchtigen zu helfen. Zusätzlich betreue ich eine Jugendgruppe und arbeite ab und zu als Streetworker. Und dann kam noch etwas ganz Neues dazu: Ich freu mich sehr darüber, dass ich seit ca. zweieinhalb Jahren sogar selbst als DJ arbeite. Die Musik, die ich auflege, ist aber gutes, sauberes Progressive Trance sowie Minimal Techno. Wenn ich in der Szene auflege, bin ich dort als Christ und bringe den Menschen Jesus nahe. Die Christen, mit denen ich das zusammen mache, sowie die Menschen, denen wir begegnen, erfahren dabei immer wieder kleinere und größere Wunder. Das sind so Sachen, wie sie auch in der Bibel beschrieben werden. Ich erlebe so krasse übernatürliche Dinge mit Jesus, wie ich sie niemals vorher auf Droge erlebt habe.

Drogen sind nur eine billige Kopie

Drogen sind nur eine billige Kopie von dem, was mit Gott geht. Dass ich Jesus mein Leben gegeben habe, ist der beste Tausch, den ich jemals machen konnte. Er hat mein elendes Sünderleben weggenommen und mir sein wundervolles neues Leben geschenkt. »Ich danke dir, Jesus! Du bist das Beste, was mir je passiert ist!«

Geschichten von Christen und deine Geschichte

Das waren jetzt einige Geschichten von Menschen, die erzählt haben, wie ein Leben ohne und wie ein Leben mit Jesus aussehen kann. Jeder hat dabei seine ganz eigene Begegnung mit Gott gehabt. Und doch verbindet sie alle das Gleiche: *Jesus!* Vielleicht hast du dich in einer Erzählung an einer Stelle irgendwo wiedergefunden, vielleicht aber auch nicht.

Die Frage ist, wie du jetzt auf diese Fülle von Informationen reagieren möchtest. Natürlich kann das niemand anders für dich entscheiden, nur du. Auf den nächsten Seiten möchte ich dich einladen, selbst Erfahrungen mit Jesus zu machen.

WAS SAGST DU ZU JESUS? EINE EINLADUNG ZUM GLAUBEN

Dabei sein ist alles

In den 1980er Jahren gab es in Hamburg mal eine Disco, die in der ganzen Welt bekannt war. Das »Trinity« hatte es geschafft, in nur kurzer Zeit als einer der angesagtesten Clubs in Europa zu gelten. Die Besucher kamen aus Paris, Rio de Janeiro, New York und London angereist, nur um einmal einen Abend im »Trinity« richtig abfeiern zu können. Es war eine der ersten Diskotheken, die eine große Lasershow vorweisen konnten. Die Musik, die dort aufgelegt wurde, kam oft erst einige Monate später bei den anderen DJs in Europa auf den Plattenteller. Bei einem Promi-Besuch in Hamburg gehörte eine Stippvisite im »Trinity« zum festen Partyprogramm. Im VIP-Bereich tummelten sich die Topmodels neben den Stars aus der Musikbranche. Diese Disco hatte natürlich auch die härteste Tür der Stadt. Ohne wirklich saubere und gute Kleidung kam dort niemand an den Türstehern vorbei.
Samstagabend bildete sich eine lange Schlange vor dem Eingang, die bis zu einem Kilometer in den Stadtteil reichte. Einfach jeder, egal, aus welcher Szene er kam, wollte einmal in diesen Laden.
Ich kann mich noch gut daran erinnern, wie wir, ein Vierergrüppchen aus Freundinnen und Freunden, uns als Teenager auch einmal ins »Trinity« reinschummeln wollten. Einige von uns hatten sich extra neue Klamotten nur für diesen Abend gekauft. Die Mädels standen stundenlang vor dem Spiegel, aber auch die Jungs hatten sich die Haare sauber zurechtgeföhnt. Endlich, nachdem wir ewig in der Schlange gestanden hatten, waren wir beim Eingangsbereich angekommen. »Kann ich bitte euren Mitgliedsausweis sehen?«, fragte der breitschultrige Mann und schaute in unsere überraschten Gesichter. »Mitgliedsausweis? Seit wann gibt es denn eine Mitgliedschaft im

›Trinity‹? Wir hatten gehört, dass hier jeder reinkommt, solange er nicht zu kaputte Kleidung anhat?«

»Nein, tut mir leid«, antwortete der Türsteher. »Wir haben schon seit einiger Zeit unsere Hausordnung umgestellt. Hättet ihr alles über die Presse erfahren können. Bei uns kommt man nur rein, wenn man auf der Gästeliste steht und Mitglied des Clubs ist. Der Rest muss leider draußen bleiben!« Die Tür zum »Trinity« blieb für uns damals verschlossen.

Ich hab keine Ahnung, wie es in deiner Beziehung mit Gott aussieht. Vielleicht hast du dieses Buch von einem Freund geschenkt bekommen, der meinte, es würde dir guttun, dich mal mit Jesus zu beschäftigen. Vielleicht bist du aber auch in einen Buchladen gegangen, weil du ausdrücklich auf der Suche nach Informationen über Jesus und das Christentum warst, und der (offenbar kompetente) Buchhändler hat dir unter anderem »Jesus rockt« als Lektüre empfohlen. Vielleicht hast du dich aber auch in deiner Kindheit mal für Jesus interessiert, dann ist dir im Laufe des Lebens dein Glaube aber abhandengekommen. Vielleicht bist du aber auch gerade in einer fetten Krise und hast schon lange kapiert, dass du Gott brauchst, um wieder klarzukommen.

Rückblick und Ausblick

Dieses Buch habe ich vor allem für Leute geschrieben, die auf der Suche nach »Erstinformation« über Jesus und den christlichen Glauben sind. Ich habe versucht, im ersten Schritt ein paar Fakten über Jesus zu sammeln und sie aufzuschreiben. Als Nächstes wollte ich die Bibel zu Wort kommen lassen und anhand einer Stelle aus einem Brief, den Paulus an die Kolosser geschrieben hat, die wichtigsten und auch herausragendsten Eigenschaften von Jesus darstellen. Mir war es wichtig, einmal das Bild, das wir von Jesus haben, zu hinterfragen und etwas davon zu schwärmen, was alles in ihm steckt. Ich hoffe, es ist dir klargeworden, dass Jesus mehr draufhat als alles, was man sich sonst noch so geben kann. Jesus hat wirklich eine Antwort auf die Fragen und Probleme von allen Menschen.

In diesem Teil wollte ich auch deutlich machen, dass die Bibel uns von einem Programm erzählt, das unsichtbar im Hintergrund bei allen Menschen abläuft. Dieses Programm führt dazu, dass wir ständig Mist bauen, dass wir uns immer wieder dazu entscheiden, Dinge zu tun, die Gott nicht will. Mir war wichtig zu sagen, dass die meisten Probleme dieser Welt letztlich passieren, weil die Menschen Sachen tun, die Gott nicht will: Sie sündigen. Wir versuchen, uns immer wieder rauszureden, und geben der Gesellschaft, unseren Eltern, der Regierung, unserem Umfeld oder sogar Gott die Schuld. Aber letztendlich sind wir es, die diese Welt und unser Leben in den Dreck geritten haben. Es ist nicht so, dass Gott irgendwo in einem anderen Universum sitzt und den Menschen ein paar Gesetze ohne Sinn gegeben hat, an die sie sich eben halten müssen, und wer das nicht packt, kommt in die Hölle. Gott meint es gut mit uns, er hat das durch Jesus ein für alle Mal klargemacht. Wenn wir das kapiert haben, ist es eigentlich ganz einfach, mit dem Mist umzugehen, den wir ständig bauen. Und wenn man sich deswegen dreckig fühlt, braucht man nur in sein Zimmer zu gehen und Jesus zu bitten, einem die Sachen zu vergeben. Dass er das dann sofort macht, hat uns die Bibel versprochen.

Etwas härter wird es, wenn uns der Hass auf andere auffrisst, weil wir von ihnen verletzt worden sind. Und doch bietet Jesus auch hier eine Lösung: Indem er uns vergibt, werden wir auch fähig, anderen zu vergeben.

Im nächsten Kapitel hab ich versucht zu beschreiben, dass

viele Lügen und Gerüchte über Gott im Umlauf sind. Jesus kannte diese Gerüchte, und er hat in seinen Predigten immer wieder versucht, diese Lügen auszuräumen. Das Wichtigste, was wir erkennen müssen, ist, dass Jesus und Gott deckungsgleich sind. Wenn wir wissen wollen, wie Gott ist, dann müssen wir Jesus anschauen. Jesus ist wie ein detailliertes, hochauflösendes, dreidimensionales HD-Bild von Gott.

Danach wollte ich klarmachen, dass Jesus jeden Menschen gewollt hat. Paulus sagt, dass Gott alle Menschen geschaffen hat, keiner ist zufällig hier. Wenn einem das erst mal richtig klargeworden ist, könnte es für eine Revolution im Denken sorgen. Und diese Revolution würde das ganze Leben radikal verändern. Du bist kein Zufall, und Gott hat ein Ziel für dich. Es ist nicht mehr länger nötig, krampfhaft um die Liebe von Menschen zu kämpfen, weil Jesus dich ohne Ende liebt.

Schließlich hab ich versucht zu beschreiben, dass in Jesus die Kraft steckt, die alles zusammenhält. Meine These war, dass er sogar die ganze Natur und die Atome zusammenhält, weil das die Bibel sagt. Mir war wichtig, darauf hinzuweisen, dass es auch eine Gegenkraft zu Jesus gibt und dass diese Kraft etwas versucht: zu spalten. Ob das nun Gemeinden, Jugendgruppen oder Paare sind. Durch Jesus haben wir aber die Möglichkeit, diese Spaltungskräfte zu besiegen, denn er hält alles zusammen.

Dann habe ich ein paar ganz normale Menschen ihre Jesusstory erzählen lassen. In unterschiedlichen Geschichten konnte man sehen, wie Leute heute Jesus kennenlernen und wie sich ihr Leben durch den Glauben an ihn verändert hat. Mir war es wichtig, darzustellen, dass Jesus ganz unterschiedlich wirkt, weil Menschen auch ganz unterschiedlich sind. Es gibt mit Sicherheit viele Gemeinsamkeiten im Glauben, Gott geht mit den Menschen einen ähnlichen Weg. Aber er respektiert auch, dass wir

alle etwas anders drauf sind, er findet das sogar gut, denn er hat uns ja so gemacht.
Was soll das Ganze jetzt? Was sollen wir mit dieser Fülle an Information anfangen? Was für Schritte können wir gehen?

Wie sieht es bei dir aus?

Die Frage, die ich dir zum Abschluss stellen möchte, ist: Wie sieht es mit deiner Beziehung zu Gott aus? Sicher, du kannst das Buch jetzt einfach beiseitelegen und dir als Nächstes den elften oder siebzehnten Band von Harry Potter kaufen. Du kannst dir aber auch überlegen, ob all das, was du gerade gelesen hast, etwas mit dir zu tun haben soll oder nicht.
Ich bin mir ziemlich sicher, dass sich jeder Mensch irgendwann mal fragt: »Gibt es Gott, oder gibt es ihn nicht?« Bei einigen kommt diese Frage in regelmäßigen Abständen immer wieder hoch, selbst wenn man schon lange geglaubt hat, eine Antwort darauf gefunden zu haben. Oft, wenn es einem nicht gutgeht oder bei einer Beerdigung, fängt man an, sich diese Frage neu zu stellen. Interessanterweise würden die meisten Menschen hierauf sogar antworten: Ja, Gott gibt es. Sehr viele Leute glauben, dass es irgendeine höhere Macht gibt, weil sie irgendwann einmal Sachen erlebt haben, die man nicht mehr als »Zufall« bezeichnen kann.
Wenn man also glaubt, dass es einen Gott gibt, kommt eigentlich sofort die nächste Frage: Wenn es ihn gibt, sollte er dann nicht auch in meinem Leben eine Rolle spielen? Ich meine, wir reden hier ja nicht von irgendeinem Popstar oder einem Politiker, sondern von Gott! Könnte es etwas Cooleres geben, als mit Gott in Kontakt zu sein? Was ist aufregender, als Gott zum Freund zu haben – zum

allerbesten Freund? Was könnte einem mehr helfen? Was könnte einem mehr Sinn und Hoffnung geben?
So kommen wir zur abschließenden und alles entscheidenden Frage: Was ist jetzt mit uns? Wollen wir diesen Gott, der uns in Jesus vorgestellt wurde, oder wollen wir ihn nicht? Vertrauen wir ihm, oder vertrauen wir ihm nicht? Wollen wir dabei sein, oder wollen wir nicht dabei sein? Wollen wir in den Club rein oder doch lieber draußen bleiben?

Was heißt »glauben« eigentlich?

Wenn wir das Wort »glauben« hören, kommen oft falsche Vorstellungen in einem hoch, was das genau bedeuten soll. Wenn du gefragt wirst: »Glaubst du, dass Bayern München nächstes Jahr Deutscher Meister wird?«, dann bedeutet das Wort »glauben« etwas völlig anderes als in der Bibel. Warum? Wenn du auf diese Frage mit »Ja« antwortest, dann sagst du damit, dass du es dir gut vorstellen kannst, dass du dir vielleicht sogar ganz sicher bist. Aber hundertprozentig wissen tust du es nicht, das geht erst, wenn die Saison vorbei ist. Mit dem Glauben an Gott ist aber etwas anderes gemeint. Einige Bibeln übersetzen das Wort »Glauben« auch mit dem Wort »Vertrauen«. An Gott glauben heißt also, Gott zu vertrauen, es drückt eine Beziehung aus, die man zu Gott hat. Das ist unheimlich wichtig zu wissen!

Wie wird man Mitglied, wie ist man im Himmel dabei?

Wie bekommt man also so eine Vertrauensbeziehung zu Jesus? Wie bekommt man eine Clubkarte für den Himmel? Was muss man tun, um dabei zu sein? Als Antworten auf diese Fragen gibt es unterschiedliche Theorien, und die meisten davon sind meines Erachtens falsch. Sie sind falsch, weil ich sie nicht in meiner Bibel finden kann und weil sie sich auch nicht mit meiner Erfahrung decken.

Einige Leute sagen: Wenn du Gott näherkommen willst, dann musst du dich mit geistlichen Übungen bemühen und an dir arbeiten. Das klingt nach endlosen Stunden Meditation.

Vor 600 Jahren sagten viele Leute etwas anderes. Dort gab es eine offizielle Lehre der Kirche, dass man sich ganz einfach durch Geldspenden die Eintrittskarte für den Himmel sichern kann. Damals standen in den Kirchen überall Opferkästen rum, und die religiösen Profis sagten: »Wenn der Taler im Kasten klingt, die Seele in den Himmel springt!« Für jede Sünde gab es einen bestimmten Preis, den man zahlen musste, wie bei einer Umrechnungstabelle in der Bank.

Andere glauben bis heute, dass man nur bei Gott landen kann, wenn man sich mit guten Taten zu ihm hocharbeitet. Mit jeder guten Tat werden deine Chancen besser, nicht als Tier, sondern als Mensch wiedergeboren zu werden. Am Ende wird abgerechnet, und wenn deine Abrechnung im Plus ist, bist du irgendwann auch im Himmel dabei.

Eine neue, recht moderne Meinung vermutet, dass wir am Ende doch irgendwie alle in den Himmel kommen. Diese Leute verbreiten, dass Gott vor dem Club steht und die Türsteher nach Hause schickt. »Egal, wie ihr gelebt habt, egal, was du getan hast, jeder kann reinkommen!« Ich finde diese Vorstellung etwas komisch, nicht nur, weil dann sogar solche Typen wie Adolf Hitler und Stalin im Himmel landen würden. Komisch daran ist, dass für den, der das glaubt, ja letztlich alles egal wäre. Jeder könnte so leben, wie er will, und Jesus wäre umsonst gestorben.

Ich kann und will hier jetzt nicht noch von anderen Religionen sprechen, weil ich mich damit überhaupt nicht auskenne. Was ich aber mit absoluter Sicherheit sagen kann: Mit Jesus wirst du garantiert dabei sein! Er hat die Möglichkeit, jeden auf die Gästeliste zu setzen, er kann dich in den Club reinholen, wenn du das willst.

Wie kommt man in den Club?

Um bei Jesus dabei zu sein, musst du eigentlich nicht viel wissen. Du brauchst die Bibel nicht zu kennen und musst auch nicht irgendeinen Kurs erfolgreich abschließen. Jeder kann sich eine Mitgliedskarte organisieren, wenn er das will. Gott hat es total einfach gemacht, und trotzdem fällt es vielen sehr schwer.
Alles fängt nämlich damit an, dass man endlich etwas kapiert: »Ich brauche Gott!« Bevor »Mensch« zu dieser Erkenntnis kommt, hat er meistens diverse Katastrophen erlebt und durchlitten. Vielleicht bist du ganz plötzlich arbeitslos geworden und stehst von einem Tag auf den anderen auf der Straße. Oder deine langjährige Beziehung ist kaputtgegangen, du dachtest, die Liebe würde ewig halten, und jetzt ist plötzlich alles vorbei. Manchmal hat die Katastrophe auch mit einer schweren Krankheit zu tun, du findest dich plötzlich im Krankenhaus wieder und bekommst eine niederschmetternde Diagnose. Oder noch schlimmer: Jemand, der dir sehr nahestand, ist plötzlich gestorben, du vermisst ihn, und die Frage, was nach dem Tod ist, lässt dich nicht mehr los. Es gibt auch Leute, die sich generell plötzlich voll den Kopf machen, wofür das Leben überhaupt ist und warum sie leben. Eins haben alle diese Situationen gemeinsam: Wir sind mit unseren menschlichen Möglichkeiten am Ende, wir befinden uns in einer Sackgasse. Entweder es passiert ein Wunder, oder alles ist vorbei. Komischerweise brauchen wir oft solche

ätzenden Situationen, um uns darüber klarzuwerden, dass wir Gott brauchen. Bei mir war das auch so. Warum sich denn überhaupt mit Jesus beschäftigen, wenn alles supi läuft? Aber wenn es dann plötzlich ganz heftig kriselt, fragt man sich doch: »Gibt es Gott vielleicht? Kann er mir jetzt helfen?«

Wenn du an diesem Punkt angekommen bist, kann ich nur sagen: Herzlichen Glückwunsch! Du bist endlich aufgewacht! Die Antwort auf diese Frage wird darüber entscheiden, ob du dabei bist oder nicht!

Es ist einfach und schwer zugleich

Dieses »Aha-Erlebnis« kann dir die Tür zu einem neuen Leben öffnen, einem Leben, das nie mehr aufhören wird! Allerdings ist nach dieser Erkenntnis eine Entscheidung gefragt, die du treffen musst. Diese Entscheidung kann niemand anderer für dich treffen, nur du. Es gab mal eine Zeit, da haben viele Leute gedacht, dass die Eltern diese Entscheidung für die Kinder treffen müssten. In der Zeit wütete die Pest in Europa, und viele Babys starben. Weil man nicht wollte, dass diese Babys in der Hölle landen, hat man sie einfach möglichst gleich nach der Geburt getauft. Ich finde, das zeugt von einem richtig schrägen Gottesbild, denn dann wäre Gott wirklich ein ganz mieser Hund. Warum sollte Gott Babys in die Hölle schicken, nur weil sie nicht so ein Ritual an sich haben vollziehen lassen?

Aber eins ist ganz sicher: Gott möchte von uns, dass wir eine Entscheidung für ihn treffen, sobald es uns möglich ist. Diese Entscheidung beinhaltet auch, dass wir so leben wollen, wie er es gut findet. Christen haben so was früher »Bekehrung« genannt. Bekehrung meint, dass man die Richtung seines Lebens ändert, also umkehrt. Von Richtung Hölle in Richtung Himmel. Diese Entscheidung zu treffen ist eigentlich sehr einfach, und doch fällt sie unendlich schwer. Die meisten Menschen sind nämlich sehr stolz und glauben doch immer wieder, dass sie ihr Leben schon allein geregelt bekommen. Darum braucht es auch oft diese Krise, bevor man sich entscheidet, ein Christ zu werden.

Kostenlos und doch teuer

Jesus erzählt im Neuen Testament eine Geschichte als Antwort auf die Frage, wie man auf die Gästeliste vom Himmel kommen kann. Dort geht es um einen Mann, der auf einem Stück Land zufällig einen unheimlich wertvollen Schatz findet (Matthäus 13, ab Vers 44). Man muss sich das so vorstellen, als hätte dort eine Truhe mit vielen alten Münzen aus purem Gold gelegen, die dieser Mann gefunden hat. In der Geschichte erzählt Jesus, dass er alles Geld nimmt, was er irgendwie zusammenkratzen kann, um dieses Feld zu kaufen. Er macht damit einen guten Deal, denn der Schatz ist sehr viel mehr wert. Trotzdem muss er, um ihn zu bekommen, erst einmal alles verkaufen, was er besitzt. Soweit die Geschichte von Jesus. Leider haben davon viele Leute noch nie gehört oder es einfach nicht kapiert. Wenn du dich fragst, warum Gott dieses oder jenes Gebet noch nicht erhört hat oder warum es dir so schlechtgeht, obwohl du jeden Sonntag in die Kirche rennst, dann muss ich einfach mal zurückfragen: Könnte es sein, dass du noch nicht alles verkauft hast? Mit Jesus zu leben ist eine ziemlich radikale Sache. Ein Pastor sagte früher immer zu mir: »Ein halber Christ ist ein ganzer Unsinn.« Ab und zu mal das zu tun, was Jesus will, sonntags in den Gottesdienst zu gehen, aber von Montag bis Samstag den lieben Gott einen guten Mann sein lassen, das kann Jesus nicht gemeint haben. Selbst wenn du alle Jahre wieder zum Kirchentag gehst und regelmäßig für »Brot für die Welt« spendest, das bringt es auf Dauer nicht. Jesus hat sich den Glauben anders vorgestellt. Es geht hier schließlich um etwas total Wertvolles, es geht um einen gigantischen Schatz! Dieser Schatz macht dich so unendlich reich. Ich höre immer wieder von Leuten: »Ich beneide dich echt um deinen Glauben!« Oder: »Ich würde auch gern so einen Glauben haben wie du!« Die Menschen sehnen sich unheimlich nach Gott, auch wenn sie diese Sehnsucht noch nicht richtig zuordnen können. Ein wirklich erfülltes Leben mit Jesus ist mit Abstand das Beste, was man haben kann, es ist super wertvoll. Aber es kostet auch etwas. Nämlich die Entscheidung, Gott sein ganzes Leben zur Verfügung zu stellen. Alles verkaufen bedeutet, Gott alles zu geben, was man hat, materiell und nichtmateriell.

Worum geht es?

Paulus schreibt im Römerbrief einen total wichtigen Satz, wie man Mitglied im genialsten Club des Universums werden kann. Dort schreibt er im zehnten Kapitel in Vers 9: »Wenn du mit deinem Munde bekennst, dass Jesus der Herr ist, und in deinem Herzen glaubst, dass ihn Gott von den Toten auferweckt hat, so wirst du gerettet.«

In diesem Satz stehen zwei Sachen, die einander bedingen. Es geht um ein Bekenntnis und um etwas, was du glauben musst. Du musst glauben, dass Jesus von den Toten auferweckt worden ist. Nun ja, das ist vielleicht gar nicht so schwer, denn wenn du anfängst zu beten, hat sich diese Frage ja schon mal erledigt.

Schließlich redest du nicht mit einer Wand: Du hast so viel Glauben in dir, dass es für dich im Bereich des Vorstellbaren liegt, dass Jesus existiert und dich auch hört. Der wichtigere Teil ist also der erste, nämlich dass wir mit unserem Mund »Jesus als Herrn« bekennen. Was ist damit gemeint?

Der erste Schritt: Ich brauche Jesus als meinen neuen Chef!

Dieses alte Wort »Herr« beschreibt eine Beziehung, die du mit Jesus haben willst. Ein »Herr« ist nicht irgendein Typ, der immer tut, was du von ihm willst. »Herr« bedeutet eher so was wie »Chef«, »Ansager«, »Meister«. Paulus sagt hier also: Wenn du ein Christ werden willst, musst du Jesus zum Chef deines Lebens machen. Er muss den Joystick über dich in den Händen halten, zumindest theoretisch. Natürlich bist du es letztendlich, der die Entscheidungen trifft. Trotzdem verändert sich etwas, wenn du beginnst, auf diese Art mit Jesus zu leben. Du fängst nämlich an, dich zu fragen, was er über bestimmte Sachen denkt, die du so tust. Es ist einem plötzlich nicht mehr egal, wie man lebt, Dinge bekommen eine andere Gewichtung. Später will ich dir dabei ganz konkret helfen, wie man so was machen kann, wenn du das willst. Das ist eine sehr wichtige Sache. Du bist kein Christ, nur weil du Mitglied in irgendeiner Kirche bist, auch nicht durch Millionen von Spenden, und übrigens auch nicht, wenn du lebst wie ein Engel. Jeder Mensch muss diesen Schritt tun und Jesus zum Chef des eigenen Lebens machen. Ein Christ ist, wer zu Christus gehört. Das klingt sehr einfach, trotzdem fällt das sehr schwer. Wenn du das willst, ist es eine gute Idee, Jesus in dein ganzes Leben mit einzubeziehen. Ob das jetzt in deinem Job ist, in deiner Schulklasse, in deinen Beziehungen, bei deinem Geld, überall sollte Jesus die letzte Instanz werden.

Der zweite Schritt: Was trennt dich von Gott?

Ich habe in einem der vorherigen Kapitel schon erwähnt, wie es kommt, dass Menschen getrennt von Gott sind. Unsere Sünde (= Dreck) geht nicht mit Gott (= total sauber) zusammen. Gott kann nicht mit Sünde in Zusammenhang stehen, das ist ein Grundgesetz in diesem Universum. Aber weil er die Menschen so sehr liebt, hat er Jesus auf die Welt geschickt, um ihnen die Möglichkeit zu geben, diese Trennung wieder aufzuheben. Darum ist Jesus gekommen: um uns von diesem »Sündenproblem« zu erlösen. Also ist der zweite Schritt – nachdem du kapiert hast, dass es ohne Gott nicht geht –, dieses Problem von Jesus beseitigen zu lassen. Auch das ist eigentlich einfach, und nur dein Stolz kann dich davon abhalten. Ich hatte bereits erwähnt, was die Bibel dazu im ersten Johannesbrief im ersten Kapitel sagt. Dort steht: »Wenn wir aber unsre Sünden bekennen, so ist er treu und gerecht, dass er uns die Sünden vergibt und reinigt uns von aller Ungerechtigkeit.« Wie das konkret passieren kann, dazu komme ich gleich.

Ich kann nicht glauben!

Immer wieder sagen mir Menschen, dass sie einfach nicht in der Lage sind, an Gott zu glauben. Das klingt manchmal so, als gäbe es ein »Jesusgen«, und weil dieses Gen fehlt, ist ein erfüllender Glaube einfach nicht möglich. Das ist gelinde gesagt ziemlicher Dünnsinn. Jeder Mensch kann glauben, das ist uns in die Wiege gelegt. Betrittst du beispielsweise ein großes Einkaufszentrum – hast du dir dort vorher einmal die Bauzeichnung vom Architekten zukommen lassen? Hast du die Statik hinreichend geprüft oder erst einmal ein paar Sicherheitsstützen in die Halle einbauen lassen? Nein, du hattest Glauben, du warst dir sicher, dass die Decke nicht einstürzen wird. Woher kam dieser Glaube? Vermutlich hast du schon als kleines Kind mitbekommen, dass andere in so ein Einkaufszentrum reingegangen und heil wieder rausgekommen sind. Irgendwann bist du selbst auch mal in so einem Einkaufszentrum gewesen, und es gab keine Einsturzgefahr. Deine Erfahrung und die Erfahrung von anderen Menschen haben dir geholfen, dieses Vertrauen zu entwickeln. Mit dem Glauben an Gott ist das ähnlich. Vielleicht hattest du mal eine Oma, die einen starken Glauben hatte, und irgendwie bewunderst du das. Vielleicht hast du Bücher von Leuten gelesen, die diesen Glauben auch gehabt haben. Alle Berichte sind sich einig: Das Dach hält, es ist gut, ein Christ zu sein, es funktioniert. Vielleicht kennst du auch jemanden, dem man es abspürt, wie Jesus sein Leben rockt. Er hat eine gute Ausstrahlung, und irgendwie merkt man ihm an, dass Glauben eine gute Sache ist. Was hält dich davon ab, es auch einmal auszuprobieren?

Das Bild vom Lebenshaus

Weil es beim Glauben auch um Dinge geht, die man wissenschaftlich nicht erklären kann, haben Menschen immer wieder versucht, gute Bilder zu finden, um ihn verstehbar zu machen. Mit diesen Bildern und Vergleichen wird versucht, die Geheimnisse des Glaubens zu erklären. Ich möchte dir zwei Bilder vorstellen.
Im ersten Bild wird dein Leben mit einem Haus verglichen. In deinem Lebenshaus gibt es verschiedene Räume, ein Wohnzimmer, ein Schlafzimmer, einen Dachboden und auch einen Keller. Normalerweise lebt man vor allem im Wohnzimmer, wenn du Gäste hast, dann lädst du sie dorthin ein. Dieses Zimmer ist im Allgemeinen gut aufgeräumt, und die Dinge stehen alle an ihrem Platz. Im nächsten Zimmer ist dein Büro. Damit ist der Bereich deines Lebens gemeint, wo es um Schule, Studium oder den Beruf geht. Die meisten Menschen haben auch einen Keller in ihrem Lebenshaus, und der sieht meistens nicht so toll aus. Dieser Keller steht für die dunklen Geheimnisse, die wir haben, für unsere Abgründe, unsere »schwarze« Seite, und auch für unsere Sünden. Du lebst in diesem Haus allein, es sei denn, du hast jemand anderen eingeladen, dort mit dir zu wohnen. Du bestimmst, was in deinem Lebenshaus passiert, du hast es eingerichtet, und du hast das Sagen. Wenn du jetzt dein Vertrauen auf Jesus setzt, bedeutet es auch, dass du ihm dein ganzes Lebenshaus überlässt. Dazu muss eine Entscheidung gefällt werden, dass Jesus ab sofort der Chef von diesem Haus wird. Du

drückst ihm sozusagen den Haustürschlüssel in die Hand. Nachdem man das gemacht hat, fängt Jesus gewöhnlich an, dieses Haus aufzuräumen. Er geht mit dir in den Keller und sagt: »Sag mal, muss das hier alles rumstehen? Wollen wir nicht einiges davon auf den Müll schmeißen?« Dann sagt er vielleicht: »Wollen wir zusammen mal das Arbeitszimmer aufräumen?« Wenn Jesus das macht, hab ich es immer so erlebt, dass er einen niemals zu etwas zwingt, auch wenn er das könnte. Wir machen ihn zum Chef in unserem Leben, und doch überlässt er uns die Entscheidung. So beginnt ein lebenslanger Prozess, in dem wir immer mehr verändert werden. Jesus beginnt damit, unser Haus aufzuräumen, zu renovieren, anzubauen und wirklich schön zu machen, Stück für Stück.

Das Bild vom »Lebensthron«

Ein weiteres Bild, das gut beschreibt, wie man ein Christ werden kann, ist das von dem »Lebensthron«. Das Bild geht davon aus, dass jeder Mensch in seinem Leben eine Art Thron stehen hat. Mit »Thron« ist ein Stuhl gemeint, auf dem die Könige eines Landes gesessen haben (und zum Teil heute noch sitzen), um von dort das Land zu regieren. Der Thron ist der »Chefsessel«, er steht für die Schaltzentrale, von der aus alle Entscheidungen gefällt werden. Sobald man anfängt, selbstständig zu denken, sitzt das »Ego« auf diesem Thron und bestimmt über alles. Das »Ego« bist du selbst. Du entscheidest über alles, was dein Leben betrifft. Du hast dich entschieden, zu lügen, das Finanzamt zu bescheißen, deine Freundin oder deinen Freund zu betrügen, Drogen zu nehmen, bei der Klassenarbeit zu schummeln usw. Wenn man anfängt, mit Jesus zu leben, kommt der Punkt, an dem nicht mehr das »Ego«, sondern Jesus auf diesem Thron sitzen sollte. Er fängt an, über alles die

Entscheidung zu treffen. Mal ganz praktisch: Angenommen, es geht um die Frage, was für einen Job du dir suchen willst. Früher hast du diese Entscheidung selbst getroffen: Du hättest die Zeitung aufgeschlagen, dich auf eine freie Stelle beworben und dann die beste Stelle angenommen, die du hättest bekommen können. Wenn Jesus auf deinem Lebensthron sitzt, läuft es anders. Du gehst erst mal in dein Zimmer und sagst zu ihm: »Jesus, ich brauch dringend einen Job! Bitte zeig mir, was für einen Job ich nehmen soll!« Und erst dann schlägst du die Zeitung auf, und plötzlich erlebst du, wie er dich bei den Bewerbungen führt und du genau den Job bekommst, der optimal für dich ist. Mit Jesus auf dem Lebensthron kann es aber auch passieren, dass du bestimmte Dinge nicht mehr tun willst. Ich hab mal von einem Freund folgende Geschichte gehört: Ihm wurde ein guter Job in einer großen Firma angeboten. Nach einer kurzen Einarbeitungszeit verlangte der Arbeitgeber, dass er Quittungen fälschen und die Steuerbehörde bescheißen sollte. Er hatte kein gutes Gefühl dabei, weil Jesus auf dem Thron seines Lebens saß und Jesus es nicht gut findet, wenn wir lügen. Also kündigte er nach kurzer Zeit. Auch so kann es aussehen, wenn Jesus den Thron in unserem Leben besetzt.

Übrigens glaube ich wirklich, dass jeder Mensch weiß, dass er so einen Lebensthron besitzt. Bei vielen ist es das Geld, das alle Entscheidungen bestimmt. Bei anderen sind es die Frauen oder die Männer, Freunde oder welche Menschen auch immer. Manchmal ist es eine Mischung aus allem. Da ich beruflich viel mit Drogenabhängigen zu tun hatte, war hier die Sache auch oft klar: Die Droge saß auf dem Thron und bestimmte das ganze Leben. Dieser Prozess geht bei Süchtigen schleichend. Zuerst nimmt man nur ab und zu Drogen und findet es ganz toll. Nach einer Zeit hat die Droge schon so viel Macht, dass man sich nur noch mit Freunden trifft, die auch Drogen nehmen – bis

man dann bei Heroin zum Beispiel körperlich abhängig ist und das Heroin alle Entscheidungen beeinflusst.
Besonders bemitleidenswert finde ich die Leute, die behaupten, sie würden ihre Entscheidungen immer allein treffen, sie wären total autonom. Denn wenn man sie einmal länger beobachtet, stellt man fest, dass auch sie von anderen fremdbestimmt werden. Ob es nun die Lehren von Lenin, Darwin oder Nostradamus sind oder irgendein Mensch, der die Person stark beeinflusst hat. Wirklich frei ist keiner.
Jesus muss auf diesen Thron, das ist der Platz, der ihm zusteht. Eigentlich sind wir alle dafür geboren worden, dass er diesen Thron einnimmt und von dort aus die Welt regiert. Wenn sich jemand dafür entscheidet, dass Jesus dort sitzen soll, beginnt Jesus, Stück für Stück das ganze Leben zu beeinflussen. Da er ab sofort die letzte Instanz in allen Entscheidungen ist, kann er tun, was er möchte. Ein Christ ist also jemand, der Jesus Christus die Macht über sein Leben übertragen hat.

Wie kann man so eine Entscheidung treffen?

Natürlich gibt es nicht die alleinige, ultimative Methode, um ein Christ zu werden. Die wichtigsten Eckpfeiler habe ich bereits erwähnt, aber wie du es schließlich machst, ist allein deine Sache. Ich möchte im Folgenden ein paar gute Methoden vorstellen, die ich zum Teil selbst ausprobiert habe. Entscheidend ist nur, dass du mit Jesus leben willst, alles andere ergibt sich dann von selbst.
Ich habe schon oft von Leuten gehört, dass sie das erste Mal auf die Art zu Jesus gebetet haben, als sie allein im Wald spazieren waren. Viele Menschen können in der Natur viel besser beten als in einem Gebäude, und das kann ich total verstehen.

Andere mögen es lieber, wenn dieser Anfang mit Gott in einer alten Kirche gemacht wird. Sie knien sich dabei vorn in den Altarraum und sprechen ihr erstes wirklich bewusstes und ernstgemeintes Gebet zu Gott. Vielleicht geht man aber auch zu einer Segnung und fängt mit diesem Ritual ein neues Leben mit Jesus an.
Einige finden es toll, diese Entscheidung mit einer Eucharistie- oder Abendmahlsfeier in einer Gemeinde zu verbinden. Andere Leute wiederum mögen es viel lieber, wenn sie sich allein in ihrem Zimmer vor ihr Bett knien, um dort mit Jesus alles klarzumachen.
Was ich auch jedem wirklich sehr empfehlen kann, ist, einen Brief an Jesus zu schreiben. In diesem Brief kann man so ein Gebet schriftlich festhalten. Ein Stück Papier hat den Vorteil, dass dieser Schritt dann wesentlich bewusster stattfindet, als wenn man etwas nur ausspricht. Nicht umsonst werden die meisten Verträge auch heute noch schriftlich festgehalten. Diesen Brief kann man sich auch später immer mal wieder durchlesen, um sich an die Tatsache zu erinnern, dass das eigene Leben jetzt Jesus gehört.

Alles fängt an mit einem Gebet

Auf jeden Fall kann man sagen, dass alles mit einem bewussten Gebet anfängt. Wie du genau betest, ist letztlich egal, nur eins ist wichtig: Dein Gebet muss an Jesus gerichtet sein! Wenn du dieses Buch bis hierhin gelesen hast, ist dir vermutlich schon lange klar, warum er der Weg ist, der zu Gott führt.
Es wäre super, wenn dieses Gebet ein paar Aussagen enthalten würde, die wir in der Bibel zum Thema »Christ werden« gefunden haben. Diese Aussagen kamen in diesem Buch ausführlich zu Wort. Es fängt damit an, dass du

Jesus ganz konkret um Vergebung bittest für den Mist, den du gebaut hast. Dazu kannst du, wenn du es in einem Brief machst, diese Sünden auch ganz konkret auflisten. So hab ich es damals auch getan. Am besten, du bittest Jesus, dass er dich beim Schreiben führt und dir dabei helfen soll. Dann setzt du dich hin und fängst an mit »Lieber Jesus …«. Nachdem du ihm erst einmal geschrieben hast, was du von ihm willst, wäre es gut, jetzt den »Sünden-loswerden-Teil« einzuleiten. Hier könntest du schreiben: »Jesus, ich gebe zu, dass ich in meinen Leben schon ziemlich viel Mist gebaut hab. Bitte vergib mir, dass …« Vermutlich werden dir dann sofort Sachen einfallen, bei denen du dich ätzend und schuldig fühlst. Ich würde hier nicht zu sehr in die Tiefe graben. Wenn dir nichts mehr einfällt, dann ist es auch gut. Vielleicht beendest du diesen Part mit den Worten: »Und vergib mir auch den ganzen Mist, der mir jetzt nicht mehr einfällt.« Falls du das schon kannst, wäre es auch gut, Leuten zu vergeben, die dich verletzt haben. Es braucht allerdings immer Zeit, bis man das wirklich ganz bewusst tun kann. Aber es ist wichtig, Jesus mindestens die Bereitschaft zu zeigen, dass du das tun willst, und ihn zu bitten, dass er dir dabei helfen soll. Ein Vorschlag wäre, Jesus Folgendes zu sagen oder zu schreiben: »Ich verzeihe jetzt allen Menschen, die mich verletzt haben, und wo ich das noch nicht kann, bitte ich dich, mir dabei zu helfen!« Jetzt wäre es gut, Jesus ganz bewusst zum Chef des eigenen Lebens zu machen. Das kannst du tun, indem du ihm sagst: »Ich gebe dir hiermit mein gesamtes Leben! Alles, was mir gehört, gehört jetzt dir! Ich gebe dir alle meine Schwächen und Sorgen, aber auch alle meine Stärken. Ab jetzt sollst du über alles bestimmen können! Du sollst auf meinem Lebensthron sitzen!«

Wie gesagt, ist das mit dem Brief auch nur eine Hilfe. Wenn du es lieber magst, kannst du auch auf einem Spaziergang im Wald oder am Meer Jesus dein Herz geben und ihn zum Chef deines Lebens machen. Am Ende dieses Kapitels werde ich dir noch mal so ein Gebet im Ganzen aufschreiben. Es ist ein Vorschlag, weiter nichts, keine magische Formel, nur eine Hilfestellung. Besser wäre es, wenn du mit deinen eigenen Worten beten würdest. Aber ich kenne solche Situationen, wo einem einfach nichts einfällt, was man sagen soll, auch wenn man genau weiß, was man sagen will.

Eins ist ganz sicher: Wenn du das getan hast, dann bist du ab sofort dabei! Gott hat dich mit diesem Gebet auf die Gästeliste des Himmels geschrieben, du bist jetzt Mitglied vom angesagtesten Partyclub im Universum, und niemand wird dir diese Mitgliedschaft mehr nehmen können!

Du brauchst noch mehr Informationen? Glaubenskurse und andere Tipps

Ich kann dir wirklich nur empfehlen, diese Entscheidung für Jesus zu treffen! Es gibt nichts Besseres. Viele Menschen haben ihr Leben in die Hände von Jesus gelegt und haben es nie bereut. Falls dir diese kleine Anleitung oben aber nicht ausreicht und du mehr so ein Kopftyp bist, hab ich noch ein paar andere Empfehlungen für dich. Eine Möglichkeit ist, andere Leute zu fragen, die schon länger mit Jesus unterwegs sind. Wenn deine Oma zum Beispiel mit Jesus lebt, dann ist es vielleicht eine gute Idee, sie mal zu fragen, seit wann sie das tut und wie es bei ihr passiert ist. Vielleicht hast du auch in deinem Freundeskreis jemanden, der behauptet, ein Christ zu sein. Frag ihn doch einfach mal, wie er Christ geworden ist und wie sich sein Glaube auf sein Leben auswirkt. Diese letzte Methode ist natürlich sehr unsicher, weil man nicht genau weiß, ob das, was die Leute antworten, auch richtig ist und ob es für einen selbst funktioniert.

Eine sehr gute Möglichkeit dazu, noch mehr Informationen über Jesus und ein Leben mit ihm zu bekommen, sind sogenannte Glaubenskurse. Ein Glaubenskurs findet gewöhnlich an mehreren aufeinanderfolgenden Tagen in einer Gemeinde statt. Ich habe davon selbst drei Modelle kennengelernt, den »Grundkurs des Glaubens«, den »Alpha-Kurs« und eine Veranstaltung, die sich »JesusHouse« oder »ProChrist« nennt.

Der Grundkurs des Glaubens

Diesen Kurs gibt es in zwei Formaten, entweder als »Crashkurs« an einem Wochenende oder über mehrere Wochen jeweils an einem Abend. Passend dazu gibt es diverse Bücher im Handel, die den Kurs begleiten sollen. Einer der Ersten, die den »Grundkurs des Glaubens« eingeführt haben, ist Wolfram Kopfermann, ehemaliger Pfarrer der Nordelbischen Landeskirche. Nach ihm haben viele Gemeinden und christliche Gemeinschaften dieses Modell kopiert, verändert und angepasst. Die Themen der einzelnen Einheiten drehen sich um Fragen wie: »Wozu lebe ich eigentlich?«, »Vergebung konkret erfahren« und »Mit Wundern rechnen«. Höhepunkt dieses Kurses ist der letzte Abend, an dem jeder Besucher eingeladen wird, im Altarraum an ein dort aufgestelltes Kreuz einen Brief an Jesus zu heften, sein Leben Jesus zu geben und sich anschließend segnen zu lassen. Das dazu passende Buch trägt den Titel: »Farbwechsel. Ein Grundkurs des Glaubens« (5. Auflage, 2000, C&P Verlag).

Der Alpha-Kurs

Dieser Kurs wurde 1977 von Charles Marnham, einem Pastor der Anglikanischen Kirche, in England entwickelt. An zwölf Abenden werden hier ebenfalls die grundsätzlichen Fragen an das Christentum geklärt. Die ersten Einheiten haben Themen wie: »Wer ist Jesus?«, »Warum starb Jesus?« oder »Wer ist der Heilige Geist?«. Alpha wird überwiegend im freikirchlichen Bereich angeboten. Was eine »Freikirche« ist, erkläre ich gleich.

JesusHouse und ProChrist

ProChrist ist eine christliche Großveranstaltung, bei der ein Pastor von einem Ort aus eine Predigt hält, die per Satellit gleichzeitig in unterschiedliche Orte übertragen wird. Am Ende eines jeden Gottesdienstes gibt es die Möglichkeit, sein Leben in die Hände von Jesus zu legen und ein Christ zu werden. ProChrist gibt es seit 1993. Fünf Jahre später wurde noch ein weiteres Modell entwickelt, das mehr auf Jugendliche ausgerichtet ist, »Jesus-House«. Diese Jugendveranstaltung findet zurzeit alle zwei bis drei Jahre statt. Schau einfach mal im Internet (www.prochrist.org), ob in deiner Nähe auch eine Jesus-House- oder ProChrist-Veranstaltung stattfindet.

Allein geht man ein: Warum es die Kirche gibt

Nachdem Jesus gestorben und dann wieder lebendig geworden ist, traf er sich ja noch einige Male mit seinen Freunden. In dieser Zeit hat er seinen Leuten den Auftrag gegeben, das zu gründen, was man heute »die Kirche« nennt. Das Wort Kirche bedeutet eigentlich: »die zu Gott gehören« und bezeichnet alles, was es heute an organisiertem Christentum auf diesem Planeten gibt. Die total spannenden Anfänge der mittlerweile größten Organisation der Welt (weit über zwei Milliarden Mitglieder) kann man in der Bibel in der Apostelgeschichte nachlesen. In den ersten Jahrzehnten ging es dort in den Gottesdiensten total ab.
In den ersten Jahrhunderten wurden die Jesusleute von der damaligen Regierung hart verfolgt. Christen wurden öffentlich verurteilt, gefoltert und hingerichtet. Erst 400 Jahre später, genau genommen im Jahr 380, wurde das Christentum in Rom zur Staatsreligion erklärt. Schon weit vorher, ungefähr ab dem zweiten Jahrhundert, ließen die Wunder aber deutlich nach. Innerhalb der Organisation wurde der Ruf nach »ordentlichen Gottesdiensten« immer lauter. Da es auch schon damals recht schnell Sondergruppierungen und Sekten gab, die von der ursprünglichen Idee immer mehr abgewichen waren, wurden schriftliche Regeln notwendig. Darin wurde alles Mögliche festgelegt, zum Beispiel, wie ein Gottesdienst aussehen soll und wie man jemanden tauft. Wie bereits zum Thema »Spaltung« erwähnt, gab es in der christlichen Kirche immer mehr Streit. Viele dieser Auseinandersetzungen führten zur Gründung einer neuen christlichen Gemeinde. Eine große Spaltung fand zu dem Zeitpunkt statt, als Martin Luther anfing, viele miese Machenschaften der damaligen Kirche aufzudecken und zu kritisieren. So entstand die Evange-

lische Kirche, die sich aber auch wieder in viele kleine Gruppierungen gespalten hat. Teile dieser Gruppierungen haben sich dann auch zu Sekten entwickelt, daher ist es gut, sich vor einem Gottesdienstbesuch zu informieren. 1948 wurde in Deutschland die Arbeitsgemeinschaft Christlicher Kirchen, kurz ACK, gegründet. Alle Kirchen, die sich diesem Verband angeschlossen haben, stehen auf einer soliden Basis und sind keine Sekten.

Glaubensfeindliche Welt

Ich glaube, dass es heute unheimlich schwer sein kann, seinen Glauben an Jesus wirklich zu leben. Denn die heutige Gesellschaft ist mit einem »glaubensfeindlichen Virus« infiziert. Alles wird nur noch mit Wissenschaft erklärt, Entscheidungen werden wissenschaftlich begründet, Hoffnung ausschließlich auf Wissenschaft gebaut. Darum ist es wichtig, dass die Christen wieder mehr zusammenhalten, wie es früher ja auch der Fall war. Ein Christ, der keine Gemeinde hat, läuft immer Gefahr, seinen Glauben zu verlieren. Das ist so wie bei einer Pflanze, die nie gegossen wird. Auch wenn die Gottesdienste einem nicht so gut gefallen, kann man doch oft etwas für sich rausziehen. Wenn du einen Anfang mit Jesus gemacht hast, dann ist es gut, wenn du dir auch eine gute Gemeinde suchst. Die Konfession ist eigentlich egal, Hauptsache, es ist eine Kirche, bei der man Jesus erleben kann. Nur das ist wichtig.

Tipps, wie du eine Gemeinde findest

Ich würde die folgenden Schritte empfehlen, wenn du auf der Suche nach einer guten Gemeinde bist: Als Erstes solltest du beten und Jesus bitten, dich in der Suche zu unterstützen. Dann würde ich im Internet schauen, was es für christliche Gemeinden in deiner Nähe gibt. Nach meinem Gefühl sollte man jeder Gemeinde eine Chance geben und den Gottesdienst mindestens dreimal besuchen. Die Frage, die ich mir stellen würde, ist: Kann ich hier Jesus erleben? Baut die Gemeinde meinen Glauben auf? Bekomme ich hier genug Input? Und lerne ich hier andere Christen kennen? Passen die Leute zu mir, oder fühle ich mich wie ein Außerirdischer?

Vorsicht: Sekte!

Leider gibt es auch ein paar christliche Gruppen, die sich irgendwann zu einer Sekte entwickelt haben. Eine Sekte erkennt man an folgenden Merkmalen: 1. Es gibt eine deutliche Führungsperson. Diese Person ist jedem Mitglied bekannt und niemandem gegenüber verantwortlich. 2. Die Gemeinde schottet sich von der Umwelt mehr und mehr ab. Lehren von anderen Gruppen werden abgelehnt. 3. Es gibt einen deutlichen Gruppendruck in der Gemeinschaft. Die Mitglieder überwachen sich zum Teil gegenseitig (vgl. www.relinfo.ch/sekten/kriterientxt.html).

Die Pflanze des Glaubens

Jesus selbst vergleicht den Glauben mit einer Pflanze, die in unserem Leben wächst. Pflanzen brauchen Wasser, Nährstoffe und Licht, damit sie leben können. Die beste Glaubensnahrung findet man in der Bibel. Nachdem ich Christ geworden bin, hab ich sehr viel in der Bibel gelesen und war total überrascht, was für heftige Dinge dort drinstehen.

Die Aussagen der Bibel können einen ermutigen, trösten,

aber auch ärgern und herausfordern. Da das Original nicht auf Deutsch geschrieben wurde, haben sich viele Leute darangemacht, die Bibel zu übersetzen. Jede Übersetzung hat dabei einen anderen Stil. Wenn du dieses Buch durchgelesen hast, konntest du schon Bekanntschaft mit einer Bibel machen, die eine leicht verstehbare Sprache spricht, die Volxbibel. Schau einfach mal im Buchladen nach, was es sonst noch für Übersetzungen gibt, und dann kauf dir eine, die gut zu dir passt.

Um mal im Bild zu bleiben: Neben der Nahrung ist auch Sonne für eine Pflanze wichtig. Die Sonne steht für den Heiligen Geist, die Kraft Gottes. Man setzt sich dieser Kraft immer dann aus, wenn man betet oder in einen Gottesdienst geht. Auch darum ist es wichtig, eine Gemeinde zu finden.

Jesus soll dein Leben rocken!

Ich kann dir nur empfehlen, Jesus dein Leben komplett zu überlassen. Es gibt nichts Besseres! Du musst nicht länger »vor der Tür« warten: Wenn du mit ihm lebst, bist du automatisch Mitglied im Paradies. Er ist Gott, und er ist der Weg zu Gott. Jesus als Freund zu haben macht das Leben erst wirklich lebenswert. Wenn du bis hierhin gelesen hast, konntest du alle Informationen aufsaugen, die du brauchst, um ein Christ zu werden. Jetzt bist du dran. Diese Entscheidung kann dir niemand abnehmen. Deine Eltern nicht, kein Pastor und auch nicht deine Freunde.

Jesus ist Gott, und jeder Mensch sollte eine Beziehung zu Gott haben. Er hat das Leben geschaffen, er ist das Leben in Person. Ihm ist nichts unmöglich, er kann alles neu machen.

Jesus rockt! Und wie.

Abschluss und ein Gebet

Dies ist das letzte Kapitel von *Jesus rockt!*
Ich hoffe, du hast dieses Buch mit viel Gewinn lesen können.
Vielleicht wurden einige deiner Fragen geklärt, vielleicht wurden auch neue Fragen aufgeworfen, die du dir noch nie gestellt hast.
Zum Abschluss soll hier das Gebet stehen, mit dem du Jesus zum Chef deines Lebens machen kannst. Gott will durch Jesus in dein Leben kommen und dich komplett ausfüllen.
Dieses Gebet enthält alle Punkte, die du in diesem Buch schon finden konntest. Es geht um Vergebung von Sünden, um ein Bekenntnis, dass du Jesus vertraust, und um deine Hingabe an ihn.
Wenn du dieses Gebet zum ersten Mal betest und es auch wirklich ernst meinst, dann bist du ab diesem Zeitpunkt ein Christ! Du gehörst zur Familie und hast den Mitgliedsausweis in der Tasche für die größte Party im Universum.
Ich habe dieses Gebet 1993 in der Petrikirche in Hamburg gebetet, und es hat mein Leben total verändert. Seitdem bete ich es immer wieder, manchmal sogar jeden Tag. Dieses Gebet geht so:

Jesus!

Danke, dass ich weiß, dass es dich gibt!
Ich will dir ab sofort in allen Punkten voll vertrauen.
Bitte vergib mir den ganzen Mist,
den ich gebaut habe.
Reiß die Mauer zwischen mir und Gott ein,
ich möchte mit dir für immer
zusammen sein.
Ich will allen Leuten vergeben,
die mich verletzt haben.
Ab sofort sollst du der Chef bei mir sein.
Bitte komm in mein Herz, in meine Gedanken, in
meinen Körper.
Alles, was mir gehört,
gehört jetzt auch dir!
Danke, dass du mich angenommen hast.
Amen (so passt es).

Bonustrack I: Jesus – was hat er eigentlich gesagt?

Einige Hinweise auf wichtige Bibelstellen

Über Jesus kann man viel schreiben, ich finde es aber genauso wichtig, ihn selbst reden zu hören – und das geht am besten, wenn man die Bibel aufschlägt und dort nachliest, was er gesagt hat.
In den drei Jahren, in denen Jesus im damaligen Israel rumgereist ist, hat er an vielen Orten mit den Leuten geredet und öffentlich gepredigt. Es war damals so üblich, dass Worte sehr genau behalten wurden, um sie an die nächste Generation weiterzugeben. Relativ bald gab es dann auch die Möglichkeit, Worte auf Papyrus aufzuschreiben, um sie so für die Nachwelt zu erhalten. Papyrus ist im Grunde der Vorgänger von dem, was wir heute als Papier kennen. Diese Papyrusrollen wurden dann immer wieder abgeschrieben und an die Leute verteilt. Viele ernstzunehmende Wissenschaftler und Theologen gehen davon aus, dass der größte Teil der Worte von Jesus, wie sie uns in den ersten vier Büchern vom Neuen Testament aufgeschrieben wurden, auch original von Jesus so gesagt worden sind. Da es sich nämlich um ganz besondere, eben heilige Texte handelt, wäre es für die Leute ein schweres Verbrechen gewesen, die Inhalte irgendwie beim Abschreiben zu verändern. Auch wenn hier und da den Schreibern kleine Fehler unterlaufen sein könnten, war das immer die absolute Ausnahme. Das Neue Testament, in dem die Worte von Jesus stehen, wurde im Original in Altgriechisch aufgeschrieben. Jesus selbst hat vermutlich in Aramäisch gepredigt, wieder eine andere Sprache. Darum mussten die Texte schon von sehr vielen unterschiedlichen Leuten ständig übersetzt werden, viel später dann auch ins Deutsche. Martin Luther

war einer der Ersten, der das ganze Neue Testament übersetzt hat, und nach ihm noch viele andere. Es gibt rund 80 unterschiedliche deutsche Übersetzungen, die alle irgendwo einen anderen Schwerpunkt setzen.
Letztlich ist es egal, in welcher Bibel wir lesen. Wir können die nehmen, die zufällig im Bücherregal steht, oder uns eine in der Stadtbücherei besorgen. Die Hauptsache ist, dass wir sie auch verstehen.
Ich empfehle natürlich die Volxbibel, weil der Text in einer lockeren Sprache geschrieben ist, die jeder kapieren kann, auch wenn er noch nie in einer Kirche war.
Manche Texte kommen in der Volxbibel noch viel krasser rüber, weil die religiöser klingende alte Sprache, zum Beispiel bei Luther, die Aussage auch etwas verdecken kann. Es sind oft wirklich heftige, radikale Sachen, die Jesus da gesagt hat.
Wenn wir in der Bibel lesen, rückt das auch unser Bild von Jesus gerade. Jesus war kein Weichei und auch kein Weichspüler. Er war sehr herausfordernd, radikal und provozierend in dem, was er gesagt hat, und seine Worte haben bis heute nicht an Kraft verloren. Mir selbst ist beim Lesen aufgefallen, wie viele Dinge Jesus heftig kritisiert und auf den Punkt gebracht hat.
Mein Vorschlag ist, dass du die Texte einfach auf dich wirken lässt. Wenn dir hier und da etwas nicht so richtig vorkommt, wäre es vielleicht eine Idee, sich die Sache noch mal in einer anderen Bibelübersetzung anzuschauen. Du kannst dich aber auch nur nach den Überschriften orientieren und selektiv das lesen, was dich gerade interessiert.
Die folgenden Textvorschläge stehen alle in den Büchern von Matthäus und Lukas im Neuen Testament der Bibel. Ich habe immer den Ort dazugeschrieben, wo Jesus diese Predigt gehalten hat, und auch, worum es geht und an wen das Ganze gerichtet war, wer seine Zuhörer waren.

1. Die Bergpredigt

MATTHÄUS, KAPITEL 5 BIS 7

Ort

Diese Predigt hat Jesus auf einem kleinen Berg oder Hügel gehalten, der vermutlich in Galiläa lag, ein großes Gebiet im Norden Israels. Darum nennt man sie auch die »Bergpredigt«.

Zuhörer

Schüler von Jesus

Worum geht's?

In der sogenannten »Bergpredigt« erzählt Jesus, wie man richtig glücklich werden kann. Dazu bringt er sieben Vergleiche, die verstehbar machen sollen, wie der Glaube an Gott funktioniert. Es geht Jesus auch darum, deutlich zu machen, wie man mit Gott leben soll. Hier werden einige der moralischen Vorstellungen, die es schon lange vorher gab, von ihm noch mal viel krasser ausgelegt. Dazu gibt es unten auch ein Beispiel. Er erteilt dabei auch eine Lektion zum Thema, wie man am besten beten kann, damit das Gebet auch erhört wird.

2. Worauf ihr bauen könnt

LUKAS, KAPITEL 14, VERSE 25 BIS 30

Ort

Irgendwo nach einer großen Party bei einem der Chefs von der religiösen Pharisäer-Partei

Zuhörer

Sehr viele Leute, die mit Jesus unterwegs waren, und seine Schüler

Worum geht's?

Jesus warnte die Menschen, dass es eine heftige und radikale Sache ist, mit Gott zu leben.

3. Was uns daran hindert, an Gott zu glauben
MATTHÄUS, KAPITEL 13, VERSE 1 BIS 30 UND 36 BIS 43
Ort
Irgendwo an einem See
Zuhörer
Sehr viele Zuhörer und seine Schüler
Worum geht's?
Jesus bringt unterschiedliche Vergleiche, um klarzumachen, wie man Gott vertrauen kann und wie wichtig es ist, dabei seinen Worten wirklich zu glauben. Die Worte von Gott sind dabei wie gute Samenkörner, wir müssen nur unser Herz bereit machen, damit sie auch aufgehen.

4. Wie wir Gottes Regeln richtig verstehen
MATTHÄUS, KAPITEL 15, VERSE 1 BIS 20
Ort
Eine Ebene, die im Nordwesten vom See Gennesaret liegt
Zuhörer
Die religiösen Profis, die Pharisäer und Schriftgelehrten (heute vielleicht »die Theologen«)
Worum geht's?
Jesus macht deutlich, dass ein pures Befolgen der religiösen Gesetze nichts bringt. Man muss sehen, warum sie geschrieben wurden und was dahintersteht.

5. Sich auf Gott verlassen
LUKAS, KAPITEL 12, VERSE 22 BIS 34
Ort
Unbekannt
Zuhörer
Schüler von Jesus
Worum geht's?
Menschen, die an Gott glauben, brauchen sich keine Sorgen zu machen.

6. Was passiert, wenn wir nicht verzeihen
Matthäus, Kapitel 18, Verse 21 bis 35
Ort
Kapernaum, ein Fischerdorf am See Gennesaret im Norden von Israel
Zuhörer
Schüler von Jesus
Worum geht's?
Wie oft sollte ein Mensch einem anderen verzeihen?

7. Wie komme ich in den Himmel?
Matthäus, Kapitel 19, Verse 16 bis 26
Ort
Am Fluss Jordan in Judäa
Zuhörer
Ein junger Mann, der sehr reich war, und Schüler von Jesus
Worum geht's?
Gott muss alles gehören, was man besitzt.

8. Noch mal: Wie komme ich in den Himmel?
Lukas, Kapitel 10, Verse 25 bis 37
Ort
Eine Region in Palästina, die nordwestlich vom israelischen Kernland Judäa liegt
Zuhörer
Ein Theologe oder Gesetzeslehrer
Worum geht's?
Jesus bringt hier einen Vergleich, um dem Theologen eine wichtige Frage zu beantworten. Die Frage war nämlich: Was muss ich tun, um in den Himmel zu kommen? Die Antwort, die Jesus gibt, ist überraschend, denn es geht Gott vor allem um Liebe und wie die praktisch aussehen kann.

9. Mit Gott braucht man nicht zu schachern
Matthäus, Kapitel 20, Verse 1 bis 16
Ort
Am Fluss Jordan in Judäa
Zuhörer
Schüler von Jesus
Worum geht's?
Egal, wann man anfängt, mit Gott zu leben, alle bekommen am Ende das Gleiche ausbezahlt. Hauptsache ist, dass man überhaupt dabei ist.

10. Was für Gott am wichtigsten ist
Matthäus, Kapitel 22, Verse 34 bis 40
Ort
Der Tempel in Jerusalem
Zuhörer
Schüler von Jesus und andere Zuhörer, die gerade dort waren
Worum geht's?
Die Gesetze waren damals das Wichtigste für die Juden. Hier geht es um das allerwichtigste Gesetz überhaupt, es geht um die Liebe.

11. Jesus ist dein Richter und dein Rechtsanwalt
Matthäus, Kapitel 24, Verse 1 bis 22, 29 bis 44;
Kapitel 25, Verse 1 bis 13
Ort
Vor dem Tempel in Jerusalem auf dem Ölberg
Zuhörer
Schüler von Jesus
Worum geht's?
Es werden hier Dinge beschrieben, die für die sogenannte Endzeit erwartet werden. Jesus erklärt, woran man erkennen kann, dass diese Zeit angefangen hat, und wie sich Christen dann verhalten sollen. Er sagt, dass die Christen

immer vorbereitet sein müssen, und fordert sie auf, das Beste aus ihrem Leben zu machen.

12. Jesus ist unser Vorbild
Lukas, Kapitel 20, Verse 9 bis 18
Ort
Im Tempel von Jerusalem
Zuhörer
Alle Leute, die im Tempel waren, und seine Schüler
Worum geht's?
Mit dem Sohn, der hier vom Weinbauern geschickt wird, meint Jesus sich selbst. Er sagt, dass sich an seiner Person alles entscheiden wird. Aus seinem Leben wird dann so eine Art Maßstab werden, wonach jeder Mensch sein eigenes Leben ausrichten kann. Es wird aber auch passieren, dass sich Leute über ihn ärgern und deswegen am Ende sterben müssen.

Die Dinge, die Jesus gesagt hat, sind zum Teil sehr heftig, und vermutlich wirst du einiges nicht komplett kapiert haben. Übrigens: So geht es jedem. Auch der erfahrenste Pfarrer kennt das. Es wird auf jeden Fall deutlich, dass Jesus teilweise ganz krasse und provozierende Ansagen gemacht hat. Und doch ging auch immer sehr viel Ermutigung von ihm aus. Die Menschen haben damals wie heute einfach gemerkt, dass er was zu sagen hat. Er war eben kein normaler Prediger, sondern er ist der Sohn von Gott!

Bonustrack 2: Bücher und eine Linkliste

Zum Weiterlesen empfehle ich folgende Bücher

Bücher über Jesus und das Christentum

Wilhelm Busch: Jesus, unser Schicksal, Aussaat Verlag, 44. Auflage 2008, ISBN: 978-3-761-55355-8

Wilhelm Busch (1897–1966) war ein deutscher Pfarrer und absolut leidenschaftlich für Jesus unterwegs. Er meint: »Das Evangelium von Jesus ist die atemberaubendste Botschaft aller Zeiten.«

Nicky Gumbel: Fragen an das Leben. Eine praktische Einführung in den christlichen Glauben, Gerth Medien, 2005, ISBN: 978-3-865-91218-3

Der anglikanische Priester Nicholas Gumbel (*1955) aus London hat den Alpha-Kurs bekannt gemacht – und das ist das Buch dazu. Folgende Fragen versucht der Autor zu beantworten: Worauf kommt es im Leben wirklich an? Wie kann ich in Glaubensfragen Sicherheit gewinnen? Wer war Jesus Christus, und was bedeutet er für mein Leben im Alltag?

Wolfram Kopfermann: Farbwechsel. Ein Grundkurs des Glaubens, C & P Verlagsgesellschaft, 5. Auflage 2000, ISBN: 978-3-928-09320-0

Wolfram Kopfermann (*1938) veranstaltet seit mehreren Jahrzehnten regelmäßig den »Grundkurs des Glaubens« in seiner Hamburger Gemeinde. Dieser Kurs klärt viele Fragen und lädt zum Glauben ein.

Werner Tiki Küstenmacher: Biblify your life: Erfüllter und bewusster leben, Pattloch Verlag, München 2009, ISBN: 978-3-629-02222-6

Ein Buch von Werner Tiki Küstenmacher, Theologe, Journalist und Cartoonist (*1953), das helfen soll, das Leben konsequenter mit biblischen Prinzipien zu meistern.

C. S. Lewis: Pardon, ich bin Christ. Meine Argumente für den Glauben, Brunnen-Verlag, 1986, ISBN: 978-3-765-53150-7

Ausschließlich mit logischen Argumenten und genialer Bildsprache begegnet C. S. Lewis (1898–1963) dem Vorurteil, man müsse den Verstand über Bord werfen, um heute noch Christ zu sein.

Bernhard Meuser: Christ sein für Einsteiger, Pattloch Verlag, 2007, ISBN: 978-3-629-02129-8

Bernhard Meuser, Theologe und Verleger (*1953), zeigt: Man kann über den christlichen Glauben so spannend und pointensicher schreiben wie über jedes andere Thema, das den Leuten auf den Nägeln brennt.

Joseph Ratzinger (Papst Benedikt XVI.): Jesus von Nazareth. Erster Teil. Von der Taufe im Jordan bis zur Verklärung, Verlag Herder, 2007, ISBN: 978-3-451-29861-5

Ratzinger beantwortet in nüchterner Sprache folgende Fragen: Wer war und ist Jesus? Was wissen wir über ihn? War er Mensch, oder ist er Gottes Sohn? Was ist die Wahrheit?

Bibelausgaben

Außer den auf Seite 18 genannten Bibeln sind noch empfehlenswehrt:

Elberfelder Bibel mit Erklärungen, R. Brockhaus, Witten 2008, ISBN: 978-3417259759

Diese Bibel ist nahe am Urtext, daher nicht so leicht zu verstehen, aber dafür sehr genau.

Hoffnung für alle. Die Bibel, Brunnen-Verlag, Gießen 2007 ISBN: 978-3-765-56051-4

Eine der ersten Bibeln, die den Schwerpunkt auf eine leicht verständliche Sprache gelegt hat.

Texte und Websites im Internet

http://de.wikipedia.org/wiki/Jesus_Christus
Wikipedia-Artikel über Jesus

www.Jesus.de
Community rund um den christlichen Glauben

www.jesus-kennenlernen.de
Eine Seite mit Grundinformationen über ein Leben mit Jesus

www.joyce-meyer.de/index.php?id=132
Wie man Christ wird – die Website der bekannten TV-Predigerin Joyce Meyer

www.erf.de/103-Gemeindeatlas_quick.html
Gemeindesuchdienst – über die Eingabe der Postleitzahl findet man eine Gemeinde in der Nähe

www.katholisch.de
Die Website der Katholischen Kirche

www.ekd.de
Die Website der Evangelischen Kirche